중동 라이벌리즘

중동 라이벌리즘

발행일 ; 제1판 제1쇄 2020년 12월 14일 제1판 제2쇄 2021년 10월 29일
지은이 : 이세형 발행인·편집인 : 이연대
편집 : 소희준 제작 : 강민기
디자인 : 유덕규 지원 : 유지혜 고문 : 손현우
펴낸곳 : ㈜스리체어스 _ 서울시 중구 한강대로 416 13층
전화 : 02 396 6266 팩스 : 070 8627 6266
이메일 : hello@bookjournalism.com
홈페이지 : www.bookjournalism.com
출판등록 : 2014년 6월 25일 제300 2014 81호
ISBN : 979 11 90864 60 2 03300

BOOK
JOURNALISM

중동 라이벌리즘

이세형

중동에서 벌어지는 많은 이슈들은 국가 간 갈등
혹은 경쟁이 원인이다. 안보적으로든, 경제적으
로든, 종교적으로든 이 책에서 다루는 나라들이
직간접적으로 얽힌 경쟁과 갈등이 현재의 중동을
시끄럽고 복잡하게 만들고 있다. 다른 지역에서
와 마찬가지로 중동의 리더급 국가들은 영향력을
키우기 위해 늘 경쟁한다. 이들을 중심으로 살펴
보면 쉽게 중동 정세의 큰 맥락을 파악할 수 있다.

차례

프롤로그   왜 중동을 알아야 할까

한국에서 중동에 대한 이야기가 나오면 성별, 직업, 지위, 나이, 교육 수준을 불구하고 '잘 모른다', '너무 복잡하고 나와 동떨어진 이야기 같다', '알고 싶고 흥미로워 보이는데 어떻게 공부해야 할지 잘 모르겠다' 중 한 가지 반응이 나온다. '중동' 하면 떠오르는 이미지를 말해 보라고 하면 나오는 대답은 십중팔구 석유, 전쟁, 이슬람교, 사막 정도다. 구체적인 이야기는 정말 잘 안 나온다.

한국에서는 일반인은 물론이고 전문가 그룹에서도 중동에 관심을 가지는 사람이 많지 않다. 이른바 서울의 주요 대학이라고 불리는 대학의 정치외교학과 교수(한국인 기준) 중 중동 정치나 외교를 주 전공으로 공부했고, 계속 연구 중인 교수는 2020년 10월 기준으로 없다.[1] 이 대학들에 설치돼 있는 국제대학원에도 역시 중동 정치나 외교를 전공 중인 교수진을 보유하고 있는 곳은 사실상 한국외국어대가 유일하다. 외교부 산하 기관으로 외교관 교육, 외교·안보 및 지역별 정세 연구가 주 업무인 국립외교원에도 중동을 전문 분야로 연구하는 교수는 1명뿐이다.

한국 언론의 중동에 대한 관심도 많이 부족하다. 한국 언론사 중 중동 지역에 특파원[2]을 운용하고 있는 곳은 2020년 10월 기준 《동아일보》(이집트 카이로), 연합뉴스(이란 테헤란, 이집트 카이로, 터키 이스탄불), KBS(아랍에미리트 두바이)뿐이다. 반면 얼핏 보기에는 우리와 별 차이 없거나, 오히려 덜 글로벌화되어 있을 것 같은 일본은 중동에 대한 관심이 상당히 많다. 주요 언론사들의 중동 특파원 네트워크만 봐도 규모가 어마어마하다. 일본의 대표 신문이라고 할 수 있는《아사히신문》은 이집트 카이로, 이란 테헤란, 아랍에미리트UAE 두바이, 터키 이스탄불, 이스라엘 예루살렘에 특파원을 두고 있다. 이 신문은 몇 해 전까지 파키스탄 이슬라마바드에도 특파원이 있었다.《요미우리신문》은 이집트 카이로(2명), 이란 테헤란, 터키 이스탄불, 이스라엘 예루살렘에 특파원이 있다. 대표 경제지인《니혼게이자이신문(닛케이)》도 이집트 카이로, 터키 이스탄불, UAE 두바이에 특파원이 있다. 일본 신문의 중동 특파원들은 현지 직원도 고용해 취재에 활용한다. 또 '우리 신문을 보는 독자라면 중동 이슈는 어느 정도 알아야 한다', '전통 있는 신문이라면 중동 이슈를 적극 취재해야 한다'는 식의 이야기를 했다.

중국에서도 중동에 대한 관심은 상당하다. 국영 통신사인 신화통신은 이집트 카이로의 대표적인 외교 공관 밀집 지역인 마아디Maadi에 10층 이상 되는 건물을 통째로 쓰고 있다. 취재 현장에는 중국에서 직접 파견된 기자뿐 아니라 현지인 기자도 여러 명 동행할 때가 많다. 자세한 사항은 밝히지 않지만, 인력 규모가 엄청나다는 것을 알 수 있다.《동아일보》윤

완준 정치부 차장(전 베이징 특파원)은 특파원으로 활동하던 시절 중국 TV 뉴스에서 가장 인상적이었던 점 중 하나로 중동 이슈에 대한 적극적인 보도를 꼽았다. 한국 언론에서는 거의 안 다루고, 당장은 중국과 상관없어 보이는 중동 이슈도 적극적으로 다루는 게 눈에 띄었다는 것이다.

비교가 꼭 좋은 것은 아니다. 유일한 평가 방법도 아니다. 하지만 한국 정도 되는 경제 규모와 국제적 인지도를 지닌 나라 중 한국처럼 중동에 관심이 없는 나라도 드물다. 그리고 중동은 우리가 생각하는 것 이상으로 한국과 밀접한 관계가 있다. 또 중동을 공부하면 직간접적으로 한국이 국제 사회에서 처한 현실을 이해하는 데도 도움이 된다.

먼저, 중동은 경제·산업적으로 소중한 시장이다. 한국의 대표 건설사인 현대건설, GS건설, 삼성물산 건설 부문 등이 1980년대부터 석유 화학 플랜트에서부터 초고층 빌딩까지 다양한 프로젝트를 수행해 온 건설업계의 핵심 시장이다. 한국산 전자 제품, 자동차, 대중문화가 큰 인기를 누리고 있는 지역이기도 하다. 소득 수준이 높은 산유국에선 한국 의료, 관광, 음식에 대한 관심도 커지고 있다. 중동은 심각한 침체에 빠져 있던 한국 조선 산업에 최근 단비 같은 역할을 하기도 했다. 2020년 6월 현대중공업, 대우조선, 삼성중공업 등 한국 조선 3사가 23조 원 이상 규모(총 100척 이상 예상)의 카타르

액화 천연가스LNG선 프로젝트를 수주하며 위기에서 탈출할 수 있는 기반을 마련했다. 경제 활동과 생활에 필요한 석유와 천연가스를 주로 중동 지역에서 수입하고 있다는 건 긴 설명이 필요 없다.

　　외교적으로도 한국은 중동에 더욱 관심을 가질 필요가 있다. 중동은 한국의 동맹국이자 국제 사회에서 가장 큰 영향력을 발휘하는 나라인 미국의 외교·안보 전략이 다양하게 구사되고 있는 지역이다. 미국의 거시적인 외교·안보 전략을 더 알기 위해서도 중동에서 벌어지는 현상에 더욱 관심을 가질 필요는 충분하다. 이란 핵 문제를 미국이 어떻게 다뤄 왔고, 향후 어떻게 다룰지는 북한 핵 문제 해결과도 연관될 수 있다. 미국의 사우디아라비아(사우디), 이스라엘, 이집트 등과의 관계에서는 동맹국에 대한 전략이나 인식을 엿볼 수 있다. 게다가 중국과 러시아 같은 또 다른 한반도 주변 강국들의 중동에 대한 영향력 확장도 최근 두드러지고 있다. 북한 문제를 해결하고, 우리에게 계속 영향력을 행사할 주변 국가들의 외교 전략을 보다 종합적으로 알기 위해서도 중동은 충분히 관심을 가질 만한 지역인 것이다. 또 미국과 유럽에서 끊임없이 논란이 되고 있는 인종 차별, 반이민 이슈도 사실은 중동 이슈와 밀접한 관련이 있다. 특히 유럽은 이민 문제뿐 아니라 안보와 자원 관련 이슈를 놓고도 중동과 떼려야 뗄 수 없는 관계다.

미국과 유럽 국가의 직업 외교관들 중 많은 수는 중동에서 근무하는 것을 자신의 경력 측면에서 매우 중요한 기회 혹은 경험으로 생각한다. 특히 외교관으로서 젊은 시절에 중동 근무를 하는 건 특별한 의미를 지닌다고 한다. 한창 업무를 배워야 하는 시기에 전쟁, 자원, 종교, 정치, 인권, 통상 등 외교관이 다루는 핵심 업무를 모두 경험할 수 있는 지역이 중동이기 때문이다. 또 이 업무들을 다양한 돌발 상황에서 다뤄야 하기 때문에 중동 근무를 성공적으로 마친 젊은 외교관들은 '트레이닝을 잘 받았을 것이다', '어느 지역에 보내도 자기 몫을 할 것이다'라는 유·무형의 브랜드도 생긴다.

한국 외교관들도 중동의 중요성에 대해선 모두 인정한다. 또 한국 외교관들 중에는 열정과 관심을 가지고 중동 근무를 하는 이들도 있다. 하지만 전반적으로 한국 외교부에서 중동은 여전히 '선호도가 높은' 지역은 아니다. 좋게 말하면, 한국이 위치한 동북아시아라는 지역의 특수성(미국, 중국, 일본, 러시아가 경쟁하고 북한의 위협까지 있는)이 워낙 강해서일 것이다. 나쁘게 말하면, 동북아 밖을 넘어서는 외교를 지금까지 제대로 해본 적이 거의 없기 때문일 것이다.

한국 사회가 정말 글로벌화됐다는 주장을 하려면 언론도, 학계도, 외교도 미·중·일 편향에서 벗어나야 한다고 생각한다. 특히 중동과 동남아시아 국가 연합(ASEAN·아세안)에 대한 관심은 지금보다 훨씬 커져야 한다. 두 지역은 경제적으로, 외교적으로 활용 가치가 크고, 앞으로도 더욱 그러해질 가능성이 높기 때문이다.

경제적, 외교적 측면을 떠나 '더 글로벌한 사람', 좀 더 전문적인 용어를 쓴다면 '세계 시민'을 양성하는 차원에서도 중동에 대한 관심은 필요하다. 한국 대학가에서 가장 먼저 '국제화 교육'과 '세계 시민 교육'의 중요성을 강조했던 인사로 꼽히는 고故 김영길 한동대 초대 총장도 "한국의 국제화 교육이 이제는 한국 밖, 동북아 밖의 이슈에 대해서도 관심을 가지고, 고민하는 방향으로 나아가야 한다"고 강조했다.

이 책은 중동 정세를 최대한 쉬우면서도 구조를 이해하기 좋은 방식으로 설명하는 데 초점을 맞췄다. 내용은 주로 카타르 아랍조사정책연구원(Arab Center for Research and Policy Studies·ACRPS)의 방문 연구원Visiting Researcher[3]과 《동아일보》 카이로 특파원[4] 시절 공부하고, 취재한 내용이다. 당시 만났던 사람들과의 대화, 현장 취재, 세미나와 포럼에서 접한 강연 내용, 각종 정세 분석 보고서, 책, 언론 기사 등이다. 이를 토대로 다양한 사건, 코멘트, 현장을 담으려 했다.

역사적으로, 개념적으로 너무 깊고 복잡하게 들어가는 방식은 피했다. 특정 이슈에 대해 아주 깊게 들어가는 식의 접근도 가급적 피했다. 중동 정세와 최근의 주요 이슈들을 큰 틀에서 이해하고 파악하는 데 집중했다. 음식으로 비유하자면 미식가 혹은 음식 전문가들이 선호하는 전통 요리보다는 갈비나 삼겹살 같이 누구나 쉽게 즐기는 대중 요리에 가까운 스타일을 지향했다.

여러 가지 중동 이슈, 특히 복잡한 갈등 관계를 큰 틀에서 쉽게 이해할 수 있도록 라이벌전戰, 즉 국가 간 경쟁 관계 분석과 비교를 설명 방식으로 택했다. 갈등 중인 나라(혹은 집단) 간의 관계를 이해하며 중동의 전반적인 현안에 대한 지식과 시각을 기르는 방식의 접근이다. 개인적으로도 이 방법을 통해 중동 이슈를 공부하고, 취재했다.

라이벌전이라는 틀을 통해 중동 정세를 이해하는 게 유용한 이유는 다음과 같다. 첫째, 중동에서 벌어지는 많은 이슈들은 국가 간 갈등 혹은 경쟁이 원인이다. 안보적으로든, 경제적으로든, 종교적으로든 이 책에서 다루는 나라들이 직간접적으로 엮인 경쟁과 갈등이 현재의 중동을 시끄럽고 복잡하게 만들고 있다.

둘째, 중동에는 많은 국가가 있고, 우리는 대부분을 잘 모른다. 지역의 '리더급' 국가(혹은 큰 나라)를 중심으로 살펴보면 쉽게 중동 정세의 큰 맥락을 파악할 수 있다. 아시아, 유럽, 북미 등과 마찬가지로 중동에서도 리더급 국가들은 자신들의 영향력을 키우고 확장하기 위해 늘 경쟁한다. 한편 중동의 많은 '작은 나라'들은 이런 큰 국가의 영향력에 직간접적으로 노출돼 있다. 중동 정세의 큰 틀을 이해하고, 맥락을 짚는 데 라이벌 관계가 그만큼 효과적일 수 있다는 뜻이다.

셋째, 라이벌 관계를 토대로 중동 정세를 이해하는 것은 나름대로 검증된 방법이다. 정부 부처나 기업의 각종 중동 정세 관련 회의나 세미나도 중동의 '큰 나라'와 '라이벌 관계'를 바탕으로 진행하는 경우가 많다. 시시각각 바뀌는 중동 지역 상황을 이해해야 하는 전문가들 사이에서도 이 방법이 자주 쓰이고 있다는 뜻이다.

이 책에서 다룰 중동의 대표적인 국가 간 라이벌 관계는 다음과 같다. 우선 사우디와 이란 간 지역 패권 경쟁이다. 두 나라는 갈등을 피하기 힘든 정치 체제, 이슬람교 종파적 특징, 외교 전략을 갖고 있다. 여기에 최근에는 터키가 적극적으로 지역 영향력 확장 전략을 펼치고 있다. 과거 오스만 튀르크 제국 시절의 영향력 행사를 연상시킬 정도다. 사우디, 이란, 터키가 현재와 미래에 어떻게 중동에서 영향력을 행사하게 될지를 국가 간 경쟁 구도를 통해 정리했다.

이스라엘과 팔레스타인 간 갈등은 중동 갈등의 고전이다. 현재 벌어지고 있는 중동 내 갈등 중 가장 오래되었다고 해도 과언이 아니다. 중동의 영토 경쟁 중 가장 대표적인 갈등이기도 하다. 하지만 해결 방안은 여전히 깜깜하다. 더 솔직히 말하면 경기의 승패가 너무도 명확히 결정이 났다. 결국은 '힘의 논리'가 지배하는 국제 사회의 냉엄한 현실을 보여 주는 사례다.

카타르와 UAE 간의 라이벌전은 중동의 대표 소프트 파워 국가 혹은 허브 국가가 되기 위한 경쟁이다. 경제적으로, 정치적으로 작지만 강한 나라, 영향력 있는 나라가 되려는 움직임과 전략을 살펴봤다. 두 나라가 최근 얼마나 서로를 의식하고 사이가 안 좋은지도 생생한 사례를 토대로 설명했다.

미국, 러시아, 중국처럼 전 세계로 영향력을 확대하려는 국가들도 중동에서 적극적인 경쟁을 펼치고 있다. 이 나라들이 중동에서 보이는 전략과 움직임도 정리했다.

조 바이든 미국 대통령 당선인이 아직 취임하지 않은 만큼 책에는 도널드 트럼프 현 대통령 임기 중 발생한 사건과 변화들이 많이 담겨 있다. 트럼프 대통령 시절 중동에서는 많은 변화가 있었다. 이 중 일부는 미래 역사책에도 비중 있게 기록될 변화다. 그런 만큼 트럼프 대통령 재임 중 중동에서 발생한 사건과 변화들을 '이미 지나간 일'이라는 생각보다는, '의미 있는 일이었고, 앞으로도 파장이 계속될 일이다'는 시선으로 살펴보시길 바란다.

중동에서 벌어지는 다양한 라이벌전을 담은 이 책이 흥미롭고, 동시에 의미도 있는 중동 여행이 됐으면 좋겠다.

사우디아라비아 vs 이란 ;
중동의 맹주가 되려는 두 국가의 경쟁

모든 게 대조적인 나라

중동 국가 중 대표적으로 큰 국가, 좀 더 노골적으로는 지역 패권을 지향하는 곳으로 사우디아라비아와 이란이 꼽힌다. 두 국가는 현재 중동에서 주변국들에게 가장 적극적으로 영향력을 행사하려는 움직임을 보이고 있다. 미국, 중국, 러시아 같은 다른 '큰 나라들'에서 쉽게 찾아볼 수 있는 주변 지역에 대한 영향력 확대 움직임이 사우디와 이란에서도 나타나고 있다.

터키도 인구 약 8343만 명(2019년 세계은행 기준)의 대국으로 중동 지역의 패권을 지향한다는 점에서 사우디, 이란과 비슷한 특성을 갖고 있다. 과거 오스만 튀르크 시절 아라비아반도와 북아프리카 지역을 지배한 경험을 가지고 있기도 하다. 또 '스트롱맨'이며 이슬람주의 성향을 가진 레제프 타이이프 에르도안Recep Tayyip Erdoğan 대통령이 취임한 뒤부터는 주변국에 대한 영향력 행사에 적극적이다. 예를 들어 중동의 주요국(나아가 미국, 러시아도 개입돼 있다)들이 영향력을 행사하고 있는 리비아와 시리아에서 각각 사우디와 이란과 갈등을 겪고 있다. 특히 사우디와는 최근 눈에 띄게 사이가 악화됐고 기회가 있을 때마다 서로를 비난한다. 사우디는 자국민들에게 터키 관광을 가지 말라고 공공연하게 강조할 정도다. 단 아직은 사우디와 이란 간 갈등이 더 두드러지는 경향이 있고,

'사우디 vs 이란 vs 터키'식의 '삼각관계' 접근은 다소 복잡하고, 빠른 내용 전개에 적합하지 않아 보인다. 그래서 이 책에서는 터키의 상황을 별도 장에서 다룬다.

사우디와 이란은 지하자원(주로 원유와 천연가스), 종교적 상징성, 지정학적 위치 같은 측면에서도 가장 돋보이는 대국이다. 이 같은 '펀더멘털'을 갖췄기에 지역 패권을 꿈꿀 수 있는 것이기도 하다. 두 나라는 여러모로 비교가 된다. 또 갈등 구도를 지니기 좋은 조건을 두루 갖추고 있다.

민족·언어·문화·역사

사우디는 아랍 국가에 속하지만, 이란은 아니다. 페르시아의 후예인 이란은 언어, 문화, 역사 모두 아랍과는 다르다. 중동에 대해 잘 모를 때 가장 쉽게 할 수 있는 실수 중 하나가 이란을 아랍 국가라고 생각하는 것이다.

많은 사람들이 아랍과 중동을 혼동하지만, 아랍과 중동은 완전히 다른 의미다. 중동은 지역적 의미다. 보통 동쪽으로는 이란, 서쪽으로는 모로코, 남쪽으로는 아라비아반도의 남단, 북쪽으로는 터키에 이르는 지역을 의미한다. 이란 동쪽의 파키스탄과 아프가니스탄 같은 나라들도 범중동권으로 분류하기도 한다. 지리적으로 중동과 가깝고, 각종 중동 이슈의 영향을 직간접적으로 받기 때문이다.

아랍은 민족적 개념이다. 아랍어를 쓰는 문화권의 국가들, 통상 아랍 연맹Arab League에 가입한 22개국을 의미한다. 중동 국가 중 이란, 터키, 이스라엘은 아랍 국가가 아니다. 이란과 터키는 국민 다수가 이슬람을 믿지만 아랍어를 쓰지 않는다. 이스라엘은 국민 다수가 유대교를 믿으며, 역시 아랍어가 아닌 히브리어를 쓴다.

종교

사우디와 이란 간에는 중동에서 매우 중요한 요소인 종교에서도 민감한 차이가 있다. 사우디는 이슬람교 수니파의 종주국인 반면 이란은 이슬람교 시아파의 종주국이기 때문이다. 수니파와 시아파 간 갈등은 중동의 오래된 갈등 중 하나로 이슬람교 창시자인 무함마드의 사후, 누가 권력을 계승할 것이냐를 놓고 벌어진 갈등이다.[5] 현재 이슬람교도의 약 85~90퍼센트는 수니파다.

현대에 와서는 시아파와 수니파 간 비율이 비슷한 지역, 지배층과 피지배층의 종파가 다른 지역에서 종파 문제가 늘 민감하게 작용했다. 가장 최근에는 이라크가 대표적인 예다. 이라크는 시아파가 약 60~65퍼센트로 수니파보다 많다. 1979년부터 이라크를 이끌다 2003년 미국의 침공으로 축출된 사담 후세인Saddam Hussein 전 대통령은 수니파였다. 후세인

이 사라진 이라크에선 시아파들이 권력의 핵심을 차지했다. 그리고 후세인 시절 권력을 누렸던 수니파들을 탄압하기 시작했다. 이런 수니파에 대한 탄압이 이라크에서 수니파 극단주의를 추종하며 무자비한 학살, 문화재 파괴, 여성에 대한 집단 성폭행 등의 만행을 저지른 무장 세력 '이슬람 국가(Islamic State·IS)'가 탄생하는 데 기여했다는 평가도 나온다. 그만큼 시아파와 수니파 간 갈등은 중요한 순간에 도화선으로 작용할 수 있는 민감한 이슈다.

참고로, IS는 2014년부터 2017년까지 이라크 북부와 시리아 동부 지역을 장악하며 악명을 떨쳤다. 이슬람 극단주의 세력 중 처음으로 '광범위한 영토'를 장악한 채 자체적인 법, 교육, 화폐 등을 운용했다는 게 IS의 특징이다. 이라크의 경우 대표적인 유전 도시 중 하나인 모술Mosul을 비롯한 북부 주요 지역이 IS에 점령당했다.

사우디 옆에 위치한 작은 왕정 산유국인 바레인도 수니파와 시아파 간 갈등이 잘 드러나는 나라다. 이 나라는 시아파가 전체 국민의 60퍼센트 이상이다. 하지만 왕실은 수니파다. 소수인 수니파가 다수인 시아파를 지배하는 모양새다. 그러다 보니 바레인에선 왕실과 국민 다수가 같은 종파(수니파)인 사우디, UAE, 카타르, 쿠웨이트 같은 주변 국가에 비해 반정부 시위나 왕실에 대한 비판 목소리가 자주 나오는 편이다. 원유 생산량이 적어 경제 사정이 어렵다는 것도 반정부 움직임이 자주 나타나는 원인으로 꼽히지만, 왕실과 일반 국민들의 종파가 다르다는 것 역시 중요한 요인으로 꼽는다. 특히 2010년 북아프리카 튀니지에서 시작돼 다수의 아랍국으로 확산됐던 민주화 움직임인 '아랍의 봄Arab Spring'[6] 운동 당시 바레인은 대규모 반정부 시위로 심각한 혼란을 겪었다. 이 과정에서 바레인 정부는 사우디에 도움을 요청했다. 수니파 종주국인 사우디는 바레인 내 시아파 성향의 반정부 시위가 자국이나 다른 주변국으로 확산되는 것을 우려해 바레인 정부의 시위 진압을 도왔다.

외교

다시, 사우디와 이란의 관계로 돌아오자. 두 나라는 종파의 차이뿐 아니라, 외교·안보 측면에서도 방향을 달리 한다. 사우디는 미국의 핵심 동맹국이며, 이란은 대표적인 반미 국가다.

　　제2차 세계 대전 이후 미국과 이란은 한동안 매우 가까운 관계였다. 하지만 이란은 1979년 2월 시아파 성직자였던 아야톨라(Ayatollah·'알라의 증거'라는 의미로 통상 이슬람교 시아파의 최고 성직자를 표현할 때 사용되는 호칭) 루홀라 호메이니Ruhollah Khomeini가 이슬람 혁명을 통해 친미 성향으로 세속주의를 지향하다 부정부패로 민심을 잃은 팔레비Pahlavi 왕조를 몰아낸 뒤부터 철저한 반미 행보를 보여 왔다. 호메이니는 이란 혁명 뒤 미국을 '큰 사탄'으로 표현했을 정도로 반감이 컸다. 호메이니는 또 중동의 대표 친미 국가인 이스라엘을 '작은 사탄'으로 표현하기도 했다. 당시 이란의 혁명 세력은 미국에 강한 반발심을 가지고 있었다. 미국이 팔레비 왕조를 지원했고, 혁명으로 쫓겨난 이들의 입국을 허용하고 나아가 신병 인도 요구도 거부했기 때문이다. 이란 혁명 세력은 미국에 정면으로 대응했다. 이 과정에서 팔레비 왕의 인도를 요구하던 혁명 세력의 과격파 학생들이 수도 테헤란의 미국 대사관으로 난입하는 사건이 발생했다. 이로 인해 당시 이란에 체류 중이던 미국 외교관들은 444일간 억류됐다. 세계 최강대국인 미국의 외교관들을 이렇게 긴 기간 동안 억류했던 나라는 없다. 미국의 이란에 대한 집요한 반감과 트라우마의 근원을 이곳에서 찾는 경우도 많다.

4년 후 이란은 또다시 미국의 자존심에 상처를 냈다. 1983년 레바논의 친이란 성향 시아파 무장 정파 '헤즈볼라(Hezbollah·신의 정당이라는 뜻)'가 수도 베이루트의 미 해병대 사령부 건물을 공격한 것이다. 이 사건으로 미군 240명 이상이 숨졌다. 헤즈볼라는 레바논 남부를 거점으로 국경을 맞대고 있는 이스라엘을 대상으로 무력 투쟁을 벌이고 있다. 이들은 무기와 자금 중 상당량을 이란의 직간접적 지원을 통해 확보한다. 헤즈볼라 소속 인력이나 친헤즈볼라 인사들은 선거를 통해 대거 정계로 진출하고 있다. 사실상 레바논에서 가장 영향력 있는 정치 세력인 셈이다. 2020년 신종 코로나바이러스 감염증(코로나19)이 확산될 때는 헤즈볼라가 앞장서서 방역 활동을 진행하기도 했다. 당시 현지에서는 정부의 공식적인 방역 활동보다 훨씬 체계적이라는 평가도 나왔다.

게다가 이란은 1981년부터 1989년까지 이라크와 전쟁을 치렀는데, 당시 이라크는 미국 및 사우디와 우호적이었고 직간접적인 군사적 지원도 받았다. 중동 외교가에선 당시 미국이 이란의 중동 내 팽창, 나아가 이란 혁명이 다른 지역으로 확산되는 것을 막기 위해 이라크를 간접적으로 이용했다는 평가가 많다. 지정학적으로 이란의 라이벌이며 동시에 아랍의 강대국(1980년대 기준)이었던 이라크를 앞세워 이란 견제에 나섰다는 분석이다(하지만 미국은 물밑에서 이란과도 접촉하며 자국 무기 판매를 시도하기도 했다). 물론 사우디도 이란과 이라크 간 전쟁에서 이라크 편에 섰다.

사우디는 이슬람 경전인 《쿠란》을 문자 그대로 해석하고 따르며 비이슬람 문화를 받아들이는 데 부정적인 보수 성향의 이슬람 근본주의 사상인 '와하비즘Wahhabism'이 탄생한 곳이다. 2001년 9·11 테러 가담자 19명 중 15명이 사우디 출신이었던 것도 이들이 극단적인 와하비즘의 영향을 받았기 때문이다. 이로 인해 사우디와 미국과의 관계는 당연히 서먹해졌다. 하지만 사우디는 국가 차원에서 친미 행보를 포기한 적이 없다. 사우디는 자국 경제의 핵심 중 핵심이며, 국부의 원천인 국영 석유 회사 아람코를 미국의 도움으로 만들었다. 아람코의 영문명 ARAMCO는 Arabian American Oil Company의 약자다. 미국의 지원이 아람코 탄생에 핵심적인 역할을 한 것이다. 셰일 가스 개발 등 에너지 확보 경로의 다변화가 시작되기 전 미국은 사우디를 중심으로 한 중동산 원유에 크게 의존했다.

사우디는 전투기를 비롯해 각종 최첨단 미국 무기를 가장 많이 수입하는 '큰손'으로 꼽히기도 한다. 사우디는 2018년에 600억 달러를 국방 관련 비용으로 지출했다. 이 중 상당 부분은 미국으로부터의 무기 구매다. 사우디의 국방비 지출 규모는 미국, 중국, 러시아, 인도 다음 수준이다. 프랑스, 독일, 일본보다 많은 건 물론이고 같은 중동 국가인 이스라엘의 3배에 이른다.[7] 사우디와 미국의 관계가 얼마나 돈독한지 짐작할 수 있는 좋은 예다.

특히 '비즈니스 외교'를 중시하는 도널드 트럼프 대통령이 취임한 뒤 사우디와 미국의 관계는 더욱 돈독해졌다. 트럼프 대통령이 취임 뒤 처음 방문한 나라도 사우디였다. 조지 W. 부시와 버락 오바마 전 대통령 시절보다 훨씬 더 사우디와 가까운 행보를 보였던 것이다(사우디는 부시 대통령 시절 미국으로부터 '극단주의를 방치한다'는 비난을 들었다. 오바마 대통령 시절에는 미국이 이란 핵 협상을 적극 추진하는 것에 대한 사우디의 불만이 강했다).

트럼프 대통령의 사위(트럼프의 장녀 이방카 트럼프의 남편)로 백악관의 '문고리 권력', '중동 정책 기획자'로 불리는 재러드 쿠슈너Jared Kushner 백악관 선임 보좌관은 사우디의 실세이며 '미스터 에브리싱Mr. Everything'으로 불리는 무함마드 빈 살만 알사우드Mohammad Bin Salman Al Saud 왕세자와 가깝다. 두 사람은 수차례 만나 밤새 대화를 나눴고, 스마트폰으로 문자도 자주 주고받는 사이로 소문나 있다. 그리고 이들은 무엇보다 이란에 대한 적대적, 강경 정책의 필요성에 공감한다. 실제로 트럼프 대통령은 집권 뒤 꾸준히 강력한 반이란 행보를 보였다. 2018년 5월에는 2015년 7월 체결된 '이란 핵 합의(Joint Comprehensive Plan of Action·JCPOA·포괄적 공동 행동 계획·미국, 중국, 러시아, 영국, 프랑스, 독일 등 국제 사회 주요국과 이란 간 합의로 이란이 핵 사찰을 받으며 주요 합의 사항을 지키면 제재를 단계적으로 완화한다는 내용)'에서 일방적으로 탈퇴했고, 이란에 대한 제재 강화에 나섰다. 2020년 1월 3일에는 이란에서 '정부 위의 정부'로 불리는 혁명 수비대[8]의 해외 작전과 특수전을 담당하는 정예 부대인 '쿠드스군Quds Force'의 사령관 거셈 솔레이마니Qasem Soleimani를 이라크 바그다드 국제공항에서 무인기(드론)를 이용해 사실상 공개적으로 사살했다.

솔레이마니 사령관의 사망 소식이 전해지면서 이란과 미국은 한동안 전면전이 우려될 정도로 강하게 대립했다. 이란은 국가 최고 지도자인 아야톨라 알리 하메네이Ali Khamenei가 직접 '보복'을 운운할 정도로 강경하게 반응했다. 그리고 이란은 1월 8일 보복 공격 차원에서 22발의 탄도 미사일을 이라크 내 미군 기지 2곳에 퍼부었다. 당시 이란은 공격 계획을 이라크 정부에 흘린 것으로 전해지고 있다. 미국을 상대로 보복 공격을 하면서 미군에게는 대피할 시간을 줘 사실상 인명 피해는 나지 않게 한 것이다. 미국과의 추가 충돌 내지 전면 충돌은 피하면서 자국 내 반미 감정은 달래고, 국제적으로는 자신들의 강경함을 선보이는 전략을 취한 것이다.

정치 체제

사우디와 이란의 관계가 불편할 수밖에 없는 또 하나의 큰 이유는 너무도 다른 양국의 정치 체제다. 알다시피 사우디는 국왕이 다스리는 왕정 국가다. 반면 이란은 다른 나라에서는 찾아볼 수 없는 독특한 형태의 '이슬람 신정 공화정' 체제를 갖추고 있다. 구체적으로, 종교 지도자인 국가 최고 지도자가 대통령 후보와 주요 각료들을 결정하는 권한이 있는 독특한 정치 시스템이다. 중요한 건, 이슬람 성직자인 최고 지도자의 '스크리닝'을 거쳐야 하지만 어쨌든 국민 선거를 통해 대통령과 국회의원을 뽑는 경쟁이 존재한다는 점이다. 한국을 비롯한 북미와 유럽의 대부분 국가에서는 당연하게 여겨지지만, 왕실 혹은 독재자의 절대적인 권력을 기반으로 한 국가 운영을 지향하는 나라가 많은 중동에서는 이란처럼 대통령 선거와 국회의원 선거가 체계적으로 진행되는 경우를 찾기는 쉽지 않다. 이란을 제외하면 이스라엘, 튀니지, 터키 정도가 그래도 경쟁다운 경쟁이 존재하는 선거가 있는 중동 국가로 분류된다. 게다가 이란은 부패하고 무능한 왕정을 종교 지도자가 직접 몰아낸 경험을 가지고 있다. 왕정 국가인 사우디가 바다 건너에 위치한 이란을 의식할 수밖에 없는 또 다른 이유다.

구체적으로 들어가 보자. 사우디는 세계 최대 산유국이다. 하지만 인구가 약 3341만 명(그중 외국인을 제외한 자국민은 약 2076만 명·2018년 사우디 통계청 기준)이나 되는 덩치가 큰 나라다. 자국민이 수십만 명에서 수백만 명에 불과한 UAE, 카타르, 쿠웨이트 같은 주변의 작은 산유국처럼 원유와 천연가스를 판 '오일 달러'로 모든 국민에게 만족스러운 복지를 제공할 수 없다. 게다가 저유가와 대체 에너지 개발 흐름으로 사우디의 오일 달러는 앞으로도 더욱 줄어들 가능성이 높다. 이는 사우디 정부가 제공할 수 있는 국민 복지가 더욱 후퇴할 수도 있음을 시사한다. 이미 사우디 정부의 재정 부담이 너무 커져 국민들의 복지 수준은 주변국들에 비해 크게 떨어졌다. 그 결과, 사우디에선 단순 서비스업(슈퍼마켓 계산원, 상점 판매원, 호텔 리셉션 직원 등)에서 일하는 자국민들도 쉽게 찾아볼 수 있다. UAE, 카타르, 쿠웨이트 등 국민에게 충분한 복지를 제공하는 중동 국가에서는 자국민은 대부분 정부 기관이나 기업 등의 간부로 일하고, 단순 서비스업은 인도, 파키스탄, 방글라데시, 필리핀 등에서 온 노동자들이 담당하는 경우가 많다.

이 부분에선 '국민들이 일을 하면 되는 것 아니냐'는 매우 상식적인 문제 제기가 나올 수 있다. 하지만 사우디를 비롯한 아랍권의 산유국들 여럿은 왕실과 정부에 대한 불만과 비판을 억제하기 위해 자국민들에게 포퓰리즘 성격의 파격적인 복지를 제공해 왔다. 이 과정 속에서 아랍권 산유국들은 국민들이 성실하게, 경쟁적으로 일하는 사회 문화를 만들지 못했다.

왕정 산유국 사우디의 약점

이런 팍팍한 현실 속에서 사우디 왕실을 중심으로 한 권력층의 호화로운 생활, 부정부패, 무능력한 모습은 자주 국제적인 화제가 된다. 당연히 국민들의 박탈감과 반발감도 커진다. 특히 젊은 세대들은 일자리 자체가 부족해 미래에 대한 불안감도 크다. "왜 권력자들은 잘살지만 우리는 가난한가?", "무능하고 부패한 최고 권력자는 몰아내야 한다", "시아파는 사우디 안에서 2등 국민이다." 이런 식의 반발이 사우디의 젊은층, 서민층, 시아파에서 얼마든지 터져 나올 수 있다. 게다가 이란은 자신들의 '혁명 경험'을 사우디를 포함한 다른 중동 국가에 적극적으로 수출하려는 모습을 보여 왔다. 특히 시아파를 대상으로 종교 지도자, 학자, 저명인사들의 메시지와 영향력을 활용하는 방식을 적극 취하고 있다.

이란이 서방과의 핵 합의 타결로 한창 '국제 사회 복귀 준비'를 하며 전 세계의 주목을 받던 2016년 1월 초 사우디가 자국 내 비판적인 성향의 유명 시아파 지도자들을 사형시키거나 구속한 것을 두고도 이란에 대한 견제 의지가 작용했다는 평가가 많다. 사우디 정부의 이 같은 조치에 분노한 이란 국민들이 주이란 사우디 대사관을 대상으로 폭력 시위를 벌이자 사우디는 이란과의 단교를 선언했다.

이란의 혁명 경험과 지역 영향력 확장 움직임은 사실 사우디가 1981년 수니파, 산유국, 왕정이란 공통점을 지닌 카타르, UAE, 쿠웨이트, 오만, 바레인과 함께 정치·경제 공동체인 걸프 협력 회의GCC를 구축한 핵심 배경이기도 하다. 팔레비 왕조가 이란의 혁명 세력에게 무너지는 모습 속에서 두려움을 느낀 사우디가 주변의 아랍 왕정 산유국들을 모아 일종의 합동 방어선을 구축한 것이다.

혁명을 통해 왕정을 무너뜨렸고, 한국, 미국, 유럽의 선거 제도와는 차이가 있지만 어쨌든 국민 선거를 통해 지도자를 뽑는 이란을 사우디는 불편한 마음으로 쳐다볼 수밖에 없다. 게다가 두 나라는 카타르라는 작은 반도 국가와 페르시아만(아랍권에서는 아라비아만)이라는 넓지 않은 바다를 사이에 두고 서로 마주보고 있는 형국이다.

사우디의 유전, 석유 생산 시설, 담수화 시설 등이 밀집해 있는 동부 지역은 이란과 지리적으로도 가깝다. 사우디 경제의 심장이라고 할 수 있는 아람코의 본사와 주요 연구 시설도 동부 지역의 핵심 도시인 다란Dhahran과 담맘Dammam에 위치하고 있다. 또 사우디 동부 지역은 사우디 내에선 종교적으로 소수파인 시아파의 대표적인 거주 지역이기도 하다. 전통적으로 수니파 왕실과 수니파가 주도해 온 정부 정책에 대한 반감도 강하다. 이란의 선전과 정보전에도 노출되기 쉽다. 반대로 이란 입장에선 사우디 동부의 시아파들을 활용하면 다양한 형태로 사우디의 '돈줄(원유)'과 '생명줄(물)'을 동시에 불안하게 만들 수도 있다.

카타르 도하의 싱크탱크인 아랍조사정책연구원ACRPS의 마르완 카발란Marwan Kabalan 정책 분석 본부장은 "사우디와 이란 간 갈등이 최악의 상황이 된다면 이란은 사우디 동부 지역에 대한 영향력 행사에 어떻게든 나설 것이다. 사우디 동부의 시아파들이 대대적으로 시위에 나서고, 반정부 구호를 외치는 상황을 가정해 보라. 이 경우 사우디가 느끼는 부담은 엄청날 수밖에 없다"고 지적했다. 이어서 "군사적 충돌로까지 확대돼 섭씨 50도에 육박할 정도로 심한 더위가 지속되는 여름에 이란이 발사한 미사일이 사우디 동부의 일부 담수화 시설과 전력 시설을 공격하는 상황을 가정해 보라. 사우디 입장에서는 상상하기도 힘든 끔찍한 상황이 될 것"이라고 덧붙였다.

사우디 사정에 정통한 또 다른 중동 전문가도 이란은 사우디와 갈등이 커질수록 사우디 동부 지역 민심 흔들기를 시도할 것이라고 분석했다. 이 경우 원유와 물 확보에 어려움이 생길 수 있어 사우디가 민감하게 반응할 수밖에 없다는 지적이다. 시아파 거주지인 동부 지역의 도시에서 대규모 시위가 벌어지면 강경하게 진압하면서도, 다시 보란 듯이 대규모 재정 지원을 해서 도시를 재건하고 꾸밀 정도로 사우디 정부가 이 지역을 특수하게 다룬다는 것이다.

실제로 사우디는 동부 지역의 민심 잡기에 나름대로 공을 들인다. 2016년 초 시아파 지도자들을 처형했던 것처럼 '채찍' 못지않게 '당근'도 제시하는 것이다. 가령, 사우디 동부의 시아파 거주 대표 도시인 아와미야Awamiyah는 무함마드 빈 살만 알사우드 사우디 왕세자가 시아파의 시위가 벌어질 때 가장 강경하게 대응한 곳 중 하나인데, 2018년 2월부터 시아파의 시위가 줄어들자 중앙 정부가 나서서 대규모 도시 재건 작업을 진행해 주고 있다. 사우디 전체적으로도 종교 경찰의 시아파 단속을 줄였고, 장관급 고위직 인사에 처음으로 시아파 출신을 임명하는 모습도 보이고 있다. 사우디 내부에선 조만간 학교 교과서와 국영 방송의 반시아파 메시지도 사라질 것이고, 수도 리야드에 시아파 사원이 세워질 수 있을 것이라는 이야기도 나온다고 한다.[9]

하지만 사우디의 동부 시아파 지역에 대한 불신, 나아가 강경 정책은 여전하다고 볼 수 있다. 2020년 2월 이란을 중심으로 중동에서 코로나19가 대거 확산되자 사우디는 동부의 시아파들이 주로 거주하는 일부 지역을 봉쇄하기도 했다.[10] 이 지역 거주자 중 일부가 이란에 몰래 다녀왔을 수 있다는 이유에서였다. 실제로 사우디에서 코로나19에 감염된 초기 확진자 중 많은 수는 이란을 몰래 다녀온 시아파들이었다. 사우디 당국으로서는 감염 우려 내지 감염 경로 조사를 이유로 더욱 적극적으로 시아파 거주 지역에 대한 봉쇄에 나설 수 있는 배경이었다. 실제로 사우디 등 많은 아랍 국가에서는 코로나19 확산을 계기로 시아파에 대한 차별과 편견이 커질 수 있다는 우려가 나왔다.[11]

이란의 시아 벨트 전략

이란 입장에서는 사우디 그 자체는 사실 큰 위협이 아니다. 인구 규모(이란은 약 8291만 명·2019년 세계은행 기준)가 이미 두 배 이상 크고, 원유와 천연가스 보유 규모도 종합적으로 볼 때 사우디에 크게 밀리지 않는다. 게다가 이란은 이라크와의 전쟁과 미국의 직간접적인 경제 제재를 40여 년간 겪으면서도 군사 역량을 꾸준히 축적했다. 사정거리 2000킬로미터 수준의 장거리 탄도 미사일을 이미 대거 개발했고, 핵무기 개발까지 시도할 수 있는 역량을 갖추고 있다는 평가가 많다. 중동에서 거의 유일하게 제조업이 제대로 유지되고 있는 나라이기도 하다. 인적 자원 측면에서도 사우디보다 여러모로 훨씬 우위다.

더 나아가 이란은 이미 군사적으로도 사우디, 나아가 전체 중동 지역에 어떤 형태로든 영향을 끼칠 수 있는 시스템을 마련했다. 이른바 지역 영향력 확장 전략을 체계적으로 구축한 것이다. 이란은 1980년부터 1988년까지 진행된 이라크와의 전쟁이 끝난 뒤 자국 땅에서 전쟁을 막고, 자신들에게 위협이 될 수 있는 국가와 조직을 견제하기 위한 대외 전략을 수립했다. 주변국에 자국 군대를 파견하고, 친이란 정권 수립과 무장 조직 지원에 본격적으로 나선 것이다. 타깃은 시아파 인구가 많고, 정세가 불안한 이라크-시리아-레바논-예멘 등 이른

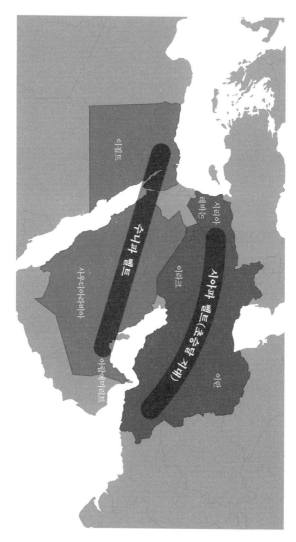

사우디와 이란의 지역 영향력 확장

시아파	중심국	수니파
이란	중심국	사우디아라비아
10~15퍼센트	전체 무슬림 중 비율	85~90퍼센트
· 예언자 무함마드의 외손자 겸 4대 칼리프 알리의 아들인 후세인 이븐 알리 추종 · 무함마드 직계 혈통만 칼리프로 인정	교리 특징	· 무함마드의 계승자 중 직계 혈통이 아닌 이들도 칼리프로 인정

바 '시아 초승달 지대'(주로 시아 벨트라고 부름·지도 참조)였다.

미국이 사살한 이란 혁명 수비대 쿠드스군의 솔레이마니 사령관은 이 같은 지역 영향력 확장 전략의 기획자 중 한 명이다. 시리아, 이라크, 레바논, 예멘 등에서 펼쳐지는 이란 혁명 수비대 군사 활동의 컨트롤 타워였던 셈이다. 트럼프 행정부가 이란의 지역 영향력 확장 전략에 얼마나 반감이 컸는지를 잘 보여 주는 대목이다.

이란의 지역 영향력 확장 전략의 작동 방식을 잘 설명해 주는 사례로는 헤즈볼라가 꼽힌다. 이란은 이스라엘 견제를 목표로 레바논 남부 무장 정파인 헤즈볼라를 적극 지원해 왔다. 2011년 아랍의 봄 여파로 흔들렸던 바샤르 알아사드

Bashar Al-Assad 시리아 대통령을 지원하고자 시리아에 군대를 파병했고, 이 나라에 군사 기지를 만드는 것 역시 이스라엘을 견제하기 위한 지역 영향력 확장 사례다.

이란은 사우디와 국경을 맞대고 있는 이라크에서도 영향력을 확대하고 있다. 이라크는 2003년 미국의 침공으로 사담 후세인 정권이 붕괴된 뒤 나라 전체가 정치·경제적으로 혼란에 빠졌다. 이 과정에서 이란은 혁명 수비대 관계자들을 대거 파견해 시아파 민병대를 지원했다. 덕분에 시아파 민병대는 수니파 극단주의 무장 세력인 IS에 효과적으로 맞설 수 있었다(더 나아가, 시아파 민병대는 이라크에 주둔 중인 미군도 공격했다). 현지에선 이란의 개입이 IS 퇴치에 크게 기여했다는 평가도 나온다. 경제적으로도 이라크의 이란 의존도는 높다. 시장에는 이란산 식료품과 공산품이 주를 이룬다. 이라크 시아파 정치인의 상당수는 이란의 직간접적인 지원을 받는 '친이란파'다.

솔레이마니 사령관 사살 작전이 벌어지기 전 미국과 이라크 내 친이란 시아파 민병대는 꾸준히 충돌했다. 특히 시아파 민병대 '카타이브 헤즈볼라Kata'ib Hezbollah'가 미군 기지를 공격하는 과정에서 미국인이 사망한 게 미국의 솔레이마니 사살 작전이란 강경책을 불러왔다는 분석도 나온다. 또 미국은 2003년 이라크를 공격해 후세인 정권을 무너뜨린 뒤 이라크에 서구식 민주주의를 이식하려 했다. 이를 통해 이란 같은 미국의 적대국이 영향을 받길 기대했다. 하지만 이라크는 고질적인 종파 갈등, 부족 갈등에 휩싸였고 정치, 경제, 사회적으로 극심한 혼란에 빠진다. 이 과정에서 이라크에 대한 이란의 영향력은 오히려 더욱 커졌다. 이라크 민주화를 통해 중동의 변화를 도모하려 했던 당시 미국의 계획은 실패했다는 평가가 많다.

사우디는 예멘 내전에서도 이란과 갈등을 겪고 있다. 사우디는 예멘 정부군, 이란은 반군인 후티Houthi를 지원하고 있기 때문이다. 예멘 내전을 확대해서 볼 경우 사우디와 이란 간 대리전 성격이 있다는 주장도 나온다.

이처럼 이란은 중동의 거의 모든 핵심 지역에서, 특히 사우디와 지리적으로 가까운 나라들에서 정치적, 군사적 영향력을 행사하고 있다. 사우디가 이란을 위협적인 존재로 볼 수밖에 없는 이유다. 주변국에 막강한 영향력을 행사한다는 점 때문에 아랍과 이란 모두와 적대 관계인 이스라엘이 장기적으로는 아랍의 맹주 사우디보다 이란을 훨씬 더 두려워할 수밖에 없다는 전망도 나온다.

이란은 왜 사우디를 의식할까

그럼에도 이란이 사우디를 의식할 수밖에 없는 이유는 결국 미국 때문이다. 미국은 사우디와 더불어 이란을 주적으로 여기는 또 다른 중동 국가인 이스라엘의 핵심 동맹이기도 하다.

부시와 오바마 행정부 시절에는 이란의 지역 영향력 확대 움직임에 대한 미국의 지적이 많지 않았다. 특히 오바마 행정부 시절에는 이란과의 협상에서 철저히 핵무기 개발 억제에만 초점을 맞췄다. 지역 영향력 확대 이슈는 큰 비중으로 거론되지 않았다는 분석이다. 이로 인해 오바마 행정부 시절 미국과 사우디, 이스라엘 사이에는 매우 불편한 분위기가 조성되기도 했다.

이란 전문가인 미국 조지타운대 카타르 캠퍼스의 메흐란 캄라바Mehran Kamrava 외교학과 교수의 분석은 이렇다. 당시 오바마 대통령과 존 케리 국무 장관은 이란과 비교적 협상이 잘된다는 생각을 했고, 나아가 이란을 신뢰할 만하다고 여겼다. 또 이란의 지역 영향력 확장 전략이 미국의 안보에는 크게 위협적이지 않다고 봤던 것 같다. 그리고 선거를 통해 개혁을 바라는 이란인들의 의지가 반영되면 중·장기적으로 이란을 바꿀 수 있다고 생각했다.

반면 트럼프 대통령과 존 볼턴 백악관 전 국가 안보 보좌관, 마이크 폼페이오 국무 장관 등 트럼프 행정부 인사들은 수차례 이란의 '지역 활동regional activities'이 중동의 안정을 해친다고 지적해 왔다.[12] 카발란 정책 분석 본부장은 트럼프 행정부가 이란이 중동 지역에 행사하는 영향력을 핵이나 미사일 개발 못지않게 우려하고 있고, 이 문제를 중요하게 다루려 한다고 지적했다. 미국뿐 아니라 사우디, UAE, 이스라엘도 이 문제를 향후 핵심 이슈로 여긴다는 분석이다.

이란의 지역 영향력 확대는 핵무기 개발보다 훨씬 다루기 힘든 문제가 될 수 있다. 아직 개발이 완료되지 않은 핵무기와 달리 이란의 지역 영향력은 실체와 성과가 분명하기 때문이다. 이란으로선 그만큼 포기하기 어렵다는 뜻이기도 하다. 재럿 블랑Jarrett Blanc 미국 카네기 국제평화재단 선임 연구위원은 이란의 지역 영향력 확대 정책은 국가 안보의 중심에 있고, 과거 이라크와 전쟁을 통해 얻은 교훈이라며 이를 쉽게 포기하지 않을 것이라고 말했다.[13]

이란 내 대표적 강경파인 혁명 수비대가 지역 영향력 확대 전략에 개입하고 있다는 점도 변수다. 캄라바 교수의 설명에 따르면 이란에선 외교부뿐 아니라 혁명 수비대도 외교 관련 업무를 진행한다. 특히 혁명 수비대는 이라크, 시리아처럼 이란과 가까운 나라들에 대한 외교 업무를 다룬다. 상대적으로 온건 중도파와 실용주의 성향의 인사가 많은 외교부와 달리 혁명 수비대는 반미 성향이 강하고, 미국과 협상에도 부정적이다. 트럼프 행정부의 이란 핵 합의 탈퇴 뒤 혁명 수비대 진영에선 하산 로하니Hassan Rouhani 대통령 등 '협상파'에 대한 노골적인 비판이 나왔다.

결국 미국이 분명한 '안전 보장'을 해주기 전까지는 이란이 사우디 등에 대한 지역 영향력 확대 전략을 포기하지 않을 것이란 주장이 힘을 얻고 있다. '반이란' 정서가 강한 사우디, UAE, 이스라엘이 향후 어떤 식으로 이란의 영향력 확대 움직임에 태클을 걸지도 중요한 변수이자 관전 포인트다.

사우디는 이란을 견제할 수 있을까

사우디와 이란 간 대결은 앞으로 어떻게 진행될까. 사우디로서는 이란의 영향력을 최대한 억제하는 게 관건이다. 그리고 이것을 실현하기 위해 최대한 공을 들일 것이다. 사우디는 이란 견제를 위해 아랍 국가의 '적'으로 여겨져 온 이스라엘과 사실상 협력하기로 했다.

트럼프 미국 대통령은 2020년 8월 13일 워싱턴 백악관에서 예정에 없던 기자 회견을 열고 이스라엘과 UAE가 외교관계 정상화에 합의했다는 내용을 발표했다. 이날 발표한 이스라엘과 UAE 간 협정에는 '아브라함 협정Abraham Accords'이라는 명칭이 붙었다.[14] 아브라함은 기독교(미국 등 서구), 유대교(이스라엘), 이슬람교(UAE)의 공통 조상의 이름이다.

아랍 국가 중 '팔레스타인 형제들'을 몰아내고 국가를 세운 이스라엘에 호의적인 나라는 없다. 아랍 연맹 회원국 22개국

중 이스라엘과 정식으로 외교 관계를 맺은 나라는 이집트와 요르단뿐이었다. 이들도 이스라엘을 진정한 이웃 나라로 인정한다기보다는 미국과의 관계 등을 고려해 전략적으로 외교 관계를 맺은 측면이 크다. 그런 와중 사우디와 더불어 아랍 국가 중 대표적인 산유국으로 꼽히며 국제 사회에서 '중동의 허브'로 인정받고 있는 UAE가 이스라엘과 정식으로 외교 관계를 맺기로 했다는 소식은 전 세계를 놀라게 할 만한 '빅뉴스'였다.

같은 해 9월 12일 UAE의 이웃 나라인 바레인도 이스라엘과 외교 관계를 맺기로 했다. 3일 뒤인 9월 15일에는 미국 워싱턴 백악관에서 이스라엘과 UAE, 바레인 간의 아브라함 협정 서명식까지 열렸다. 이스라엘은 UAE, 바레인과 각각 양자 협정을 체결했고, 3자 협정도 성사됐다. 트럼프 대통령은 '증인 자격'으로 행사에 참여했다. 이스라엘이 주요 산유국 지위를 지닌 아랍 국가와 수교한 것은 1948년 건국 이래 처음이다. 이후 이스라엘은 2020년 10월 수단과도 외교 관계를 맺기로 했다.

발표 직후 중동 외교가에서는 UAE와 바레인 못지않게 사우디를 주목했다. 아랍의 맹주이며, 이슬람교 수니파 종주국인 사우디가 시아파 종주국인 이란을 견제하기 위해 UAE와 바레인을 앞세워 이스라엘과의 관계 개선에 나섰다는 분석이 나왔다.

"이란의 영향력 확대에 대항하기 위해 사우디를 중심으로 친미 성향 수니파 아랍 국가들이 이스라엘과 비공식적으로 협력해 왔다는 건 공공연한 사실이다. 이제는 그런 협력 관계를 본격적으로 공식화하려는 것이다. 이스라엘과 팔레스타인 분쟁으로 인한 국민 여론과 아랍권 전반의 인식을 고려하면 맹주인 사우디가 직접 나서기는 부담스러우니 협력 관계가 두텁고, 외교·안보에서 방향을 같이하는 UAE와 바레인을 앞세웠다. 특히 바레인은 안보와 경제를 사실상 사우디에 의존하고 있어서 사우디의 허락 없이는 독자적으로 이스라엘 수교 같은 '큰일'을 결정할 수 없다." 중동 외교가 관계자의 분석이다.

사우디와 이스라엘의 급속도로 가까워지는 관계는 2020년 11월 22일 무함마드 빈 살만 알사우드 사우디 왕세자와 베냐민 네타냐후Benjamin Netanyahu 이스라엘 총리가 사우디가 홍해 인근에 건설 중인 신도시 네옴Neom에서 만났다는 소식이 전해지면서 더욱 주목받기도 했다. 이 소식은《타임스 오브 이스라엘》,《하레츠》같은 이스라엘 언론들이 집중 보도했다. 언론들은 이스라엘 정보 기관인 모사드Mossad의 요시 코헨Yossi Cohen 국장도 두 정상과 함께 있었다고 전했다.

다만 사우디로선 이란과의 군사적 충돌은 최대한 피하려 할 가능성이 높다. 이란과 충돌이 벌어질 경우 결국 동부 지역의 원유, 담수화 관련 시설들이 큰 피해를 볼 수 있기 때문이다. 또 봉쇄와 전쟁에 익숙한 이란 국민들과 달리 사우디 국민들은 '위기 상황'을 제대로 경험해 본 적이 없다. 이란과의 군사적 충돌이 자국 땅에서 벌어지고, 국민들의 피해가 커진다면 궁극적으로 불만이 사우디 왕실과 정부를 향할 수 있다.

실제로 이란이 배후로 추정되는 아람코 원유 생산 시설 피격 사태가 터졌을 때도 사우디는 강하게 반발했고, 강경 대응을 시사했지만 실제로는 아무런 반격이 없었다. 세계 최대 산유국 사우디의 국영 석유 기업 아람코가 운영하는 아브카이크Abqaiq는 세계 최대 석유 플랜트다. 인근 쿠라이스Khurais 유전도 아람코의 핵심 석유 생산 시설이다. 두 시설은 2019년 9월 14일 무인기(드론) 공격을 받았다. 이 공격으로 사우디 일일 원유 생산량의 약 50퍼센트인 570만 배럴의 생산이 잠정 중단됐다. 세계 석유 시장은 잠시나마 패닉에 빠졌다.

사건 직후 예멘의 시아파 반군인 후티는 자신들이 공격을 진행했다고 주장했다. 후티 반군은 예멘에서 전쟁을 벌이고 있는 예멘 정부군을 사우디가 지원하기 때문에 그동안 사우디에 다양한 공격을 펼쳐 왔다. 그러나 사우디와 미국은 이란을 공격 주체로 지목했다. 후티 반군이 이란의 지원을 받고 있기는 하지만, 공격 규모, 정교함, 드론이 날아온 방향 등을 고려하면 이란이 직접 기획한 공격으로 봐야 한다는 것이다. 마이크 폼페이오 미국 국무 장관은 트위터를 통해 "이란은 세계 에너지 시장에 대해 유례를 찾아볼 수 없는 공격을 저질렀다"고 밝혔다.[15] 전 세계적인 관심과 우려가 집중된 가운데 사우디는 당장에라도 이란을 공격할 것처럼 강경한 반응을 보였지만, 결국 반격이나 보복을 하지는 못했다.

트럼프 행정부 시절 밀착 행보를 보이며 이란 압박을 적극 지지했던 사우디에게는 2020년 11월 3일 치러진 미국 대선에서의 조 바이든 민주당 후보 당선이 실망스러운 소식이다. 미국이 당장 사우디와 적대적이거나 서먹한 관계가 되지는 않겠지만 트럼프 대통령처럼 노골적으로 이란을 적대시하고, 강하게 압박하는 상황은 벌어지지 않을 가능성이 높다. 실제로 바이든 당선인의 대통령 당선 선언이 있은 직후 카타르, 이집트, 오만, 레바논, 요르단, 이스라엘 등 많은 중동 국가의 정상들이 축하 메시지를 보냈지만, 사우디는 하루가 지난 뒤에야 축하를 보냈다. 일각에선 바이든 당선에 대한 실망감과 우려가 나타난 것 아니냐는 분석이 나왔다.

영향력을 유지하기 위한 이란의 과제

이란으로서는 사우디와의 경쟁에서 가장 중요한 과제가 트럼프 행정부 시절 대폭 강화된 경제 제재를 벗어나는 것이다. 여기서 벗어나야 원유와 천연가스 판매를 정상적으로 할 수 있고 이를 토대로 낙후된 경제도 살릴 수 있다. 중동 지역에서의 위상과 영향력도 유지하고, 추가로 확보할 수도 있다.

그런 점에서 바이든 당선인이 향후 4년간 미국을 이끌게 됐다는 건 이란으로서는 큰 호재다. 바이든 당선자는 이란 핵 합의가 체결됐던 오바마 행정부 시절 부통령이었다. 또 바이든의 외교·안보 분야 '책사'로 여겨지며 국무부 장관에 내정된 토니 블링컨(Tony Blinken·본명 Antony John Blinken) 전 국무부 부장관은 이란 핵 합의 체결에 깊이 관여한 인물이다. 트럼프 행정부 때보다 이란과의 대화나 협상에 적극적일 수 있다는 의미다. 바이든도 "이란이 핵 관련 사항들을 성실히 수행한다면 다시 핵 합의에 복귀할 수 있다"는 의견을 피력한 바 있다.

바이든이 대통령에 정식 취임하고, 이란과의 대화가 시작된다면 이란의 시아 벨트를 중심으로 한 지역 영향력 확장 전략을 얼마나 민감하게 다룰지도 관전 포인트다. 앞서 언급했듯, 오바마 행정부 시절에는 이 문제를 트럼프 행정부 때만큼 심각하고 집요하게 다루지 않았다.

이란은 아랍 국가의 중심 역할을 해 온 사우디와 UAE 등 걸프 지역 산유국들이 이스라엘과 가까운 행보를 보이는 것을 비난하며 이슬람권에서의 영향력 확대 움직임을 보일 가능성이 높다. 팔레스타인에 대한 연민, 나아가 반이스라엘 정서는 정도 차이만 있지 모든 이슬람권 국가에게서 나타난다. 이스라엘과 팔레스타인 간 분쟁의 피로감이 큰 건 사실이지만, 사우디는 이슬람교 3대 성지(메카, 메디나, 예루살렘) 중 두 곳을 보유할 만큼 종교적으로 '중요한 나라'다.

실제로 사우디는 메카와 메디나를 보유하고 있다는 점에 대한 자부심이 대단하다. 사우디는 자국 국왕을 공식 석상에서 소개할 때 "Custodian of the two holy mosques(두 성스러운 모스크, 즉 두 성지의 수호자라는 의미)"라고 호칭한다. 사우디 국영 항공사인 사우디아Saudia는 이륙 전《쿠란》을 큰 소리로 기내 방송한다(카타르, UAE 등 다른 아랍권 나라의 항공사들은 짧게 그리 크지 않은 톤으로 방송한다). 비행 중 메카와 메디나 상공을 지나갈 때는 "현재 성지 상공을 지나간다. 신의 축복이 모든 이들에게 있기를 바란다"는 기장의 특별 방송도 한다.

이런 사우디가 이스라엘을 인정하고, 팔레스타인의 수호자 역할을 더 이상 제대로 하지 않는다는 건 이슬람권에서 적어도 정서적으로는 받아들이기 어렵다. 바꿔 말하면, 이란 입장에서는 UAE가 이스라엘과 외교 관계를 정상화하는 등 이른바 '사우디 진영'이 친이스라엘 행보를 보이는 건 사우디의 무능과 배신을 강조하기 좋은 기회다. 실제로 이란은 UAE,

바레인, 이스라엘 간 외교 관계 정상화에 하산 로하니 대통령이 직접 나서서 강도 높게 비난했다. 사우디 진영에 대한 이란의 비판과 견제는 당분간 계속될 것이다.

이스라엘 vs 팔레스타인 ;

중동 분쟁의 고전

아랍권에서 이스라엘은 어떤 의미인가

#1

2018년 7월 말. 카타르 도하에서 연수를 처음 시작했을 때다. 같은 연구소에서 근무 중이던 팔레스타인, 시리아, 요르단, 미국 등 다양한 나라 출신 연구원들과 식사를 할 기회가 있었다. 중동 여행에 대한 이야기가 나왔다. 한국인들이 중동 여행을 많이 하느냐는 거였다. 필자는 한국 사람들도 중동 여행을 꽤 많이 하고, 기독교와 가톨릭교 신자가 아시아 국가 중에선 가장 많은 편이라 이스라엘 직항도 있다는 이야기를 했다. 이야기를 듣던 사람들은 한국에서 또 어느 중동 국가에 직항이 있는지, 내가 중동에서 어떤 나라를 가 봤는지 등을 물었고, 별다른 특이 사항 없이 와자지껄하게 이야기를 하며 식사를 마무리했다.

그다음 날, 자리에 함께 있었던 시리아 출신 친구가 나에게 말했다. "어제 여행 이야기가 나왔을 때 네가 계속 '이스라엘', '이스라엘'이라고 했잖아? 팔레스타인 출신 앞에서는 가급적 이스라엘이란 단어를 쓰지 않는 게 배려하는 방법이야. 가령 예루살렘, 텔아비브 식으로 그냥 도시 이름을 말하는 게 좋아. 물론 세미나에서 발표를 하거나, 기사나 논문 같은 전문적인 글을 쓸 때는 상관없어. 정치적, 외교적인 이야기를 할 때도 당연히 이스라엘이란 단어를 얼마든 사용할 수 있지. 하지만 일상생활에서는 팔레스타인 친구들을 배려하기 위해 이스라엘이란 단어를 가급적 쓰지 않는 경우도 많아. 아랍권에서는 이스라엘이란 말 대신 '팔레스타인 영토Palestine Territory'란 말을 쓰기도 해." 이스라엘에 대해 팔레스타인, 나아가 아랍권 사람들이 어떤 인식을 가지고 있는지를 확실히 체감할 수 있었다.

#2

2019년 12월 초. 이스라엘의 인공지능AI 산업 취재를 위해 이집트 카이로에서 이스라엘의 경제 중심지인 텔아비브로 출장을 떠났다. 카이로 국제공항에서 탑승한 이스라엘행 에어시나이Air Sinai 항공사의 항공기는 무척 특이했다. 항공기 색깔이 순백색이었기 때문이다. 항공기 외부에 아무런 로고와 디자인이 없었다. 또 공항의 가장 구석에 있는 게이트를 사용하고 있었다. 이집트는 아랍 국가 중 처음으로 이스라엘과 정식 외교 관계를 맺었고, 안정적이고 우호적인 관계를 유지 중이지만 이런 관계를 최대한 티 내지 않으려 한다는 이집트 외교관과 언론인들의 이야기가 떠올랐다.

외부에 로고가 없는 이스라엘행 이집트 항공기

비행기가 이륙한 뒤 이스라엘을 방문해본 적이 있냐고 묻는
승무원에게 "에어시나이를 이용해 가는 건 처음이다. 내가 타
본 비행기 중 가장 디자인이 독특하다"는 이야기를 했다. 그
는 의미심장한 미소를 지으며 "다른 항공사에선 찾아보기 힘
든 디자인일 거다. 알다시피, 여러 가지 이유가 있다"고 답
했다.

이집트는 아랍 국가 중 이스라엘과 가장 먼저 평화 협정을 맺
은 나라다. 외교 관계도 원만한 편이다. 카이로와 텔아비브 간
에는 거의 매일 정기 항공편이 있다. 하지만 이집트에서는 자

국에서 이스라엘행 항공편이 있다는 것을 최대한 숨기는 분위기다. 에어시나이는 1982년 두 나라간 정기 노선이 생기면서 설립된 특수 항공사로 국영 항공사인 이집트항공의 자회사다. 이집트항공이 이스라엘에 정식으로 취항하는 것을 최대한 숨기기 위해 설립했다는 해석이 많다. 실제로 이집트인 다수는 이스라엘과 징식 외교 관계를 맺고 있다는 것을 껄끄럽게, 나아가 부끄럽게 생각한다.

이스라엘과 팔레스타인 간 갈등은 흔히 '이·팔 분쟁'으로 불린다. 영토, 인종, 종교, 자원을 놓고 벌어지는 갈등이 많은 중동에서도 특히 유명하고, 오랜 기간 지속돼 온 갈등이다. 많은 중동 전문가들이 이·팔 분쟁을 중동의 '갈등 중 갈등', '분쟁의 고전'으로 꼽는 이유이기도 하다. 또 이·팔 분쟁은 중동의 다른 여러 이슈와도 직간접적으로 엮여 있다.

이·팔 분쟁의 가장 근본적인 원인은 제2차 세계 대전 이후 현재 이스라엘과 팔레스타인 지역에서 유대인이 원래 살고 있던 팔레스타인인을 조직적으로 몰아내고 나라를 세운 데 있다. 팔레스타인과 아랍권에서는 이스라엘 건국이 선포된 다음 날인 1948년 5월 15일 70만 명 이상의 팔레스타인인이 쫓겨난 사건을 '나크바(Nakba·대재앙이라는 뜻)'라고 부를 정도로 치를 떤다.

나라 없이 수천 년을 유럽, 중동, 아프리카 등에서 떠돌던 유대인들에게는 자신들의 조상들이 강조해 온 '약속의 땅'에 제대로 된 나라를 세우는 감동의 순간이었지만 팔레스타인과 아랍권에선 재앙의 순간으로 기억된 것이다. 그래서일까. 팔레스타인인과 아랍인들은 이스라엘을 '인조 국가Artificial State'라고도 많이 표현한다. 원래 없던 나라, 나아가 생기지 말았어야 할 국가라고 보는 것이다. 정도 차이만 있지 아랍권에서 이스라엘을 보는 눈은 부정적 그 자체다.

카타르의 싱크탱크인 아랍조사정책연구원이 2011년부터 조사하는 아랍 여론 지수(Arab Opinon Index·AOI)에서도 이는 아주 정확히 드러난다. AOI는 통상 2만 명 이상을 대상으로 한 대단위 설문 조사. 2019~2020년 조사의 경우 사우디, 카타르, 쿠웨이트, 이라크, 요르단, 팔레스타인, 레바논, 이집트, 수단, 튀니지, 모로코, 알제리, 모리타니 등 총 13개 아랍 국가의 국민 2만 8288명을 대상으로 조사를 진행했다. AOI를 담당하는 데이나 엘 쿠르드Dana El Kurd 연구 위원에 따르면 아랍 여론 지수는 중동 내 연구 기관이 직접 개발해 진행하는 여론 조사 중 가장 큰 규모다. 아랍권의 정책 결정자들과 국제기구 전문가들이 중요한 정책 자료로 활용한다.

2019~2020년도 AOI에 따르면 조사 대상자의 89퍼센트가 '이스라엘이 아랍권의 안보에 위협이 된다'고 답했다.

2017~2018년에는 90퍼센트, 2016년에는 89퍼센트가 같은 답을 했다. 반면 이란이나 터키에 대해선 2019~2020년 기준 각각 67퍼센트와 35퍼센트가 안보에 위협이 된다고 답했다. 아랍 국가에서 이스라엘에 대한 반감이 얼마나 강한지 잘 보여 주는 지표다. 이스라엘은 '아랍 국가에게 가장 큰 위협이 되는 나라' 지표에서도 조사가 시작된 이래 매번 1위를 놓치지 않고 있다. 다만 위협 정도는 감소하고 있는 상황이다.[16]

"이란이나 터키가 나라의 규모를 보든, 영향력 확대 움직임을 보든 중·장기적으로 이스라엘보다 훨씬 아랍 국가들에게 위협적인 나라 아닌가? 이스라엘은 이란과 터키처럼 조직적으로 다른 나라 정치에 영향을 준다거나, 군대를 파견한다거나 하는 행태는 보이지 않는다." 이·팔 분쟁과 관련된 대화를 나눈 많은 아랍권의 중동 전문가들에게 이렇게 물었다. 이에 대한 답변은 하나같이 부정적이었다. 인상적이었던 것 일부를 정리하면 다음과 같다.

> 이란과 터키는 좋든 싫든 늘 중동의 일부였다. 원래 거기 있었던 나라고, 다양한 형태로 영향력을 행사해 왔다. 그런데 이스라엘은 1948년 전에 존재했나? 절대로 이스라엘에 대한 팔레스타인, 나아가 아랍권의 감정은 좋아질 수 없다.
>
> — 카타르 외교관

주요국별 안보에 위협이 되는 정도

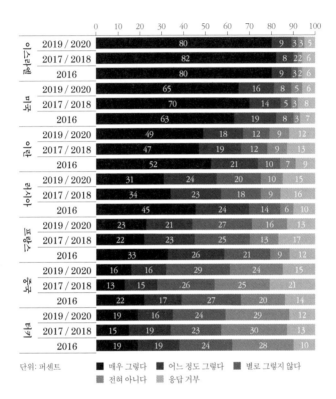

단위: 퍼센트 ■ 매우 그렇다 ■ 어느 정도 그렇다 ■ 별로 그렇지 않다
■ 전혀 아니다 ■ 응답 거부

아랍 국가에게 가장 위협이 되는 나라

	2020 2019	2018 2017	2016	2015	2014	2013 2012	2011
이스라엘	37	39	41	45	42	52	51
미국	29	28	27	22	24	21	22
이란	12	10	10	10	9	6	4
아랍 국가	5	7	5	5	5	3	2
러시아	1	2	3	1	- -	- -	- -
유럽 국가	1	1	1	1	2	1	- -
아랍 국가 외 국가	1	1	1	1	1	0.3	1
기타	1	0	1	1	0.1	- -	0.2
위협이 없다	2	4	1	1	1	1	0.4
응답 거부	11	8	9	12	17	15	19
	100	100	100	100	100	100	100

단위: 퍼센트

간단히 비유를 해보겠다. 우리 몸에는 많은 장기가 있다. 그중 하나에 문제가 있다고 생각해 보자. 기분이 안 좋고, 화도 날 수 있을 것이다. 하지만 이걸 완전히 없애 버린다거나 적대시할 수 있나? 없을 것이다. 원래 몸에 있는 것이니까. 하지만 원래 아예 없던 세포, 가령 종양 덩어리 같은 게 어느 날 갑자기 생긴다고 해보자. 그 자리에 자꾸 염증이 생긴다면 당신은 그걸 없애려고 하지 않겠나? 이란, 터키와 이스라엘의 차이는 바로 이런 것이다.

— 팔레스타인 출신 대학 교수

한국 땅에 갑자기 한국인이 아닌 다른 민족이 대거 찾아와서 '수천 년 전에 우리가 여기 살았으니 우리 땅이다'라고 주장한다고 가정해 보라. 그들이 나라를 세우고 자꾸 충돌을 일으키고, 땅을 더 차지하려 한다고 생각해 보라. 어떻게 하겠나?

— 요르단 출신 언론인

중동과 서남아의 이슬람 국가에서 수차례 근무했고, 대사 경력도 있는 한국 외교관은 "아랍권, 나아가 이슬람권 국가들은 여러 이슈에서 복잡한 입장을 가지고 있다. 하지만 확실히 이·팔 분쟁에 대해서는 정도 차이만 있지 '이스라엘=악'이라는 공감대가 형성돼 있는 것 같다"고 말했다.

실제로 중동의 대표적인 미디어이며 '중동의 CNN'으로도 통하는 카타르의 알자지라Al Jazeera 방송은 이·팔 분쟁과 관련해선 작은 뉴스(가자 지구의 시위와 소수의 사상자 발생 등)도 '긴급 속보Breaking News'로 다루는 경우가 많다. 팔레스타인인의 삶을 다룬 시사 다큐멘터리도 지속적으로 방영한다.[17]

이스라엘의 안보 제일주의와 우경화

이처럼 첨예하게 갈등 중이지만, 현실적으로 팔레스타인이 제대로 된 국가를 세우기란 쉽지 않아 보인다. 좀 더 솔직히, 이스라엘과 팔레스타인을 '라이벌'이라고 표현하는 건 감정적인 접근 혹은 표면적으로는 맞을지 몰라도 현실 정치, 외교, 안보 차원에서는 맞지 않는 말이다. 이스라엘은 '절대 강자'이며 팔레스타인이 제대로 된 국가를 세우는 것을 인정할 마음이 조금도 없기 때문이다. 이스라엘과 팔레스타인을 둘러싸고 있는 지정학적 여건, 외교 상황, 경제력 차이 등은 '팔레스타인의 독립 국가'가 불가능함을 시사한다. 결국 결정적인 순간에는 '힘의 논리'가 작용하는 것이 국제 사회의 냉엄한 현실이다.[18]

특히 베냐민 네타냐후 총리가 집권한 뒤 이스라엘은 노골적이고 조직적으로 팔레스타인을 지워 버리려는 시도를 하고 있다. 극우, 나아가 철저한 반팔레스타인 성향의 네타냐후 총리가 5선에 성공할 정도로 이스라엘 국민들은 네타냐후 정권의 외교·안보 정책에 동의하고 있다.

네타냐후 총리가 이끄는 보수 성향의 리쿠드당Likud은 2020년 4월 총선에서 중도 진영인 청백당Blue and White과 가까스로 연립 정부를 구성했다. 1년 동안 3번이나 총선을 치를 만큼 불안했던 이스라엘 국내 정치가 다시 한번 네타냐후의 승리로 정리된 것이다. 네타냐후 총리는 이스라엘 초대 총리인 다비드 벤구리온(David Ben-Gurion·13년 5개월간 재임)을 제친 '최장수 총리(1996년 6월~1999년 7월, 2009년 3월~2020년 11월 현재까지 재임 중)' 타이틀을 계속 이어 가게 됐다. 정확히는 네타냐후 총리와 청백당의 베니 간츠Benny Gantz 대표가 연정을 구성하며 총리 임기(3년)의 전반 18개월은 네타냐후 총리가, 후반 18개월은 간츠 대표가 총리를 맡기로 합의했다. 표면적으로는 '윈윈'으로 보이지만 네타냐후 총리의 정치적 승리라는 평가가 우세하다. 일단 네타냐후 총리는 총리직에 먼저 오르면서 자신을 정치적으로 괴롭혀 온 개인 비리 관련 재판에 효과적으로 대응할 수 있게 됐다. 요르단강 서안 지구(팔레스타인 자치 지구) 내 유대인 정착촌을 이스라엘 영토로 합병하는 정책을 추진하기도 용이해졌다.[19]

여기서 한 가지 짚어 봐야 할 건 네타냐후 총리가 뇌물 수수와 배임 등 3건의 부정부패 관련 범죄 혐의를 받고 있고,

이스라엘 검찰이 기소를 주장하고 있다는 것이다. 단순 의혹을 넘어 검찰이 기소를 결정할 정도로 현직 총리의 범죄 혐의가 심각한데도 (과정은 매우 힘겨웠지만 결과적으로는) 총선에서 연정을 구성하고, 다시 한번 총리직에 오를 수 있었다는 것에 관심이 모아진다. 더군다나 이스라엘은 중동에서 가장 개방적이고 자유로운 선거 제도를 가지고 있는 나라다.

이를 두고 이스라엘 안팎에서는 네타냐후의 안보 제일주의가 빛을 제대로 발하고 있다는 평가가 나온다. 네타냐후 총리는 재임 중 가자 지구 봉쇄를 단행했다. 가자 지구는 반이스라엘 성향이 강한 팔레스타인 무장 정파 하마스Hamas의 중심 활동 지역이다. 그 어떤 이스라엘 총리보다 강경한 대팔레스타인 정책을 펼쳐 온 것이다. 또 △팔레스타인 지역 내 유대인 정착촌 확장(실질적인 이스라엘의 영토 확대 조치이자 팔레스타인인들의 거주 지역을 장악하는 시도) △시리아 내 이란군 관련 시설 선제공격(이스라엘의 '주적' 이란의 영향력 억제 조치) △예루살렘에 대한 미국의 이스라엘 수도 인정 및 대사관 이전(미국이 사실상 이·팔 분쟁의 중재자 역할을 버리는 조치로 인식된다) △골란Golan 고원에 대한 미국의 이스라엘 주권 인정(시리아와의 전쟁을 통해 확보한 땅으로 국제 사회는 이스라엘 영토로 인정하지 않는다. 하지만 군사적, 수자원 확보 측면에서 가치가 매우 큰 지역이다) 등 이스라엘 안보의 숙원 과제들을 풀었다.

이스라엘은 적대적인 나라들에 둘러싸여 있는 특성상 우파는 물론이고 중도 성향의 국민들도 자국 안보를 핵심 이슈로 여긴다. 네타냐후가 다양한 안보 성과를 내 '이스라엘의 보호자', '안보 문제 해결사', '강한 총리'라는 이미지를 만들었다는 것이 대학 교수와 언론인 등 전문직 출신 팔레스타인인들의 평가다. 이들 중 많은 수는 아무리 개인 비리가 많아도 이스라엘 사람들에게는 네타냐후의 안보 정책이 매력적으로 느껴질 수 있을 것 같다고 평가한다.

네타냐후 총리가 도널드 트럼프 미국 대통령, 블라디미르 푸틴Vladimir Putin 러시아 대통령과 가까운 사이라는 점을 강조한 것도 이스라엘 국민들의 지지를 이끌어 내는 데 적절했던 전략으로 꼽힌다. 그는 총선 과정에서 트럼프 대통령, 푸틴 대통령과 각각 정상 회담을 가지며 외교 역량을 뽐냈다. 이합 마하르마Ihab Maharma 아랍조사정책연구원 연구 위원은 "네타냐후는 기회가 될 때마다 자신이 초강대국 대통령과도 긴밀히 협력할 수 있는 리더라는 점을 과시하며 표심을 자극하는 일종의 '쇼'를 연출했다. 2018년 10월 이스라엘 총리로는 22년 만에 오만을 방문해 아랍권과 대규모 경제 협력 방안을 논의한 것도 이미지 메이킹의 아주 좋은 예다. 이로 인해 이스라엘에선 '네타냐후가 대아랍 외교를 매우 잘한다'는 이미지가 한층 강화됐다"고 말했다.

이스라엘 사회에서 꾸준히 진행돼 온 우경화 움직임이 네타냐후 총리의 연임을 가능하게 만든 배경이라는 분석도 있다. 특히 팔레스타인 무장 정파 하마스의 가자 지구 장악이 이스라엘 사회의 전반적인 우경화에 큰 영향을 끼쳤다는 분석이 많다. 2005년 아리엘 샤론Ariel Sharon 전 총리는 팔레스타인 측과의 요르단강 서안 지구 관련 협상에서 유리한 고지를 차지하기 위해 가자 지구에선 이스라엘군과 정착촌을 철수시켰다. 그러나 하마스는 2006년 총선에서 승리한 뒤 이듬해 이스라엘, 미국과의 협력을 중시하는 성향의 팔레스타인 자치정부를 가자 지구에서 몰아냈다. 그리고 이스라엘을 상대로 로켓과 박격포 공격을 앞세운 강경 투쟁에 들어갔다. 2014년 7~8월에는 이스라엘과 50일간 전쟁을 벌이기도 했다. 그 결과 이스라엘 사회에선 '양보하면 팔레스타인 측의 도발이 더욱 많아질 것이다', '잘못하면 요르단강 서안 지구도 가자 지구처럼 될 수 있다', '팔레스타인과의 평화 협상은 더 이상 의미가 없다'는 인식이 확산됐다.

아랍 형제들의 무관심, 나아가 배신

많은 팔레스타인인은 최근 수년간 이어져 온 중동 정세의 변화를 '아픈 기억'으로 여긴다. 일부는 '또 다른 나크바가 터진 시기'라고 목소리를 높인다. 팔레스타인 입장에선 대형 악재로 여길 만한 사건이 대거 발생했기 때문이다. 특히 팔레스타인과의 연대 혹은 이·팔 분쟁 중재를 위한 노력에 금이 가고 있다는 것을 보여 주는 사건이 많았다. 이스라엘이나 서방이 아닌, 같은 아랍권 국가에서도 특히 주목할 만한 변화가 많았다.

먼저 아랍의 맹주 사우디는 최근 이스라엘과의 관계 개선 움직임이 뚜렷하다. 물론 공식적으로 국교를 수립한다거나, 눈에 보이게 무엇인가를 하는 건 아니다. 하지만 무함마드 빈 살만 알사우드 왕세자가 권력의 핵심으로 부상한 뒤 변화는 분명히 나타나고 있다. 2018년 4월 초 그는 미국 매체《더 애틀랜틱》과의 인터뷰에서 "이스라엘이 자국 영토에 대한 권리를 가지고 있다", "이스라엘과 많은 이익을 공유하고 있다"는 파격 발언을 했다.[20] 사우디의 최고위 지도자가 이런 발언을 공개적으로 한 건 처음이다. 당연히 적잖은 파장이 일어났다. 같은 달 말 열린 아랍 연맹[21] 정상 회담에서 살만 빈 압둘아지즈 알사우드Salman bin Abdulaziz Al Saud 국왕이 사실상 소방수 역할을 하며 사태를 진화시키려 했다. "팔레스타인 문제는 우리의 최우선 과제이며 앞으로도 그럴 것이다. 동예루살렘은 팔레스타인의 수도이며, 주이스라엘 대사관을 예루살렘으로 옮기려는 미국의 결정을 단호히 거부한다"고 말한 것이다.

중동 외교가에서는 이 발언을 사우디 국왕이 아들(왕세

자)의 파격 행보에 제동을 건 대표적인 사건으로 꼽는다. 사우디 사정에 정통한 소식통들은 무함마드 빈 살만 알사우드 왕세자의 가장 큰 문제점은 아직 어려 경험이 부족하고, 성격도 급한 편인데 아버지가 적극적으로 조언하거나 통제하지 않는 것이라고 말한다. 살만 빈 압둘아지즈 알사우드 국왕이 왕세자의 정책이나 결정을 노골적으로 반대하는 경우는 드물다는 뜻이다. 사우디 국왕이 왕세자의 '이스라엘을 인정한다'는 발언을 얼마나 민감하게 여겼는지 느낄 수 있는 대목이다.

다른 아랍권 국가들도 친이스라엘 행보를 보이고 있다. 2018년 10월 UAE는 자국에서 열린 국제 유도 대회에서 처음으로 이스라엘 국가 연주를 허용했다. 오만의 전 술탄 카부스 빈 사이드 알사이드(Qaboos bin Said Al Said·2020년 1월 사망)는 오만을 방문한 이스라엘의 네타냐후 총리와 향후 협력 방안을 논의했다. 이런 행보는 팔레스타인 처지에서는 섭섭하고, 안타까운 일이다.

특히 오만의 경우 이스라엘 총리가 22년 만에 처음으로 방문하고 경제를 중심으로 다양한 협력 방안이 논의돼 더욱 화제가 됐다. 중요한 건 오만이 이스라엘과 관계를 맺는 것을 법으로 금지하고 있다는 점이다. 오만 내부의 반이스라엘 성향이 강한 국민들 사이에선 '국왕이 법을 어겼으니 감옥에 가야 하는 것 아니냐'는 말도 나왔다.[22]

2020년 8월 13일 이스라엘과 UAE가 외교 관계 정상화에 합의했다는 소식은 팔레스타인 입장에선 이스라엘 승리로 경기가 종료됐음을 다시 한번 인식하게 만드는 사건이었다. 더 많은 아랍 국가들이 이스라엘과의 관계 정상화에 나설 것임을 이제는 모두가 안다. 9월 12일 UAE의 이웃 나라인 바레인도 이스라엘과 외교 관계를 맺기로 했다. 3일 뒤인 9월 15일에는 미국 워싱턴 백악관에서 이스라엘과 UAE, 바레인 간의 아브라함 협정 서명식까지 열렸다. 10월 23일에는 아프리카 동북부의 또 다른 아랍 국가인 수단이 이스라엘과 수교를 하기로 결정했다. 이로써 이스라엘과 수교를 결정한 아랍 국가는 두 곳(이집트, 요르단)에서 다섯 곳으로 늘게 됐다. 이제는 사우디를 포함해 모로코, 오만 등 다른 아랍 국가들이 얼마나 빨리 이스라엘과 외교 관계를 정상화할 것이냐에 관심이 쏠린다.

이스라엘과의 관계 개선 움직임은 이란의 잠재적인 위협에 공동 대응하기 위해서다. 미국이 이스라엘을 의식해 아랍 국가에게는 판매하지 않았던 스텔스 전투기인 F-35 등 최첨단 공격용 무기 구입 문제를 해결하려는 목적도 깔려 있다. 미국은 그동안 이스라엘에 대한 적대적인 군사 도발이 이뤄질 수 있다는 이유로 사우디와 UAE 같은 친미 아랍 국가들에게는 핵심 공격 무기를 판매하지 않았다. 이스라엘과 수교하고, 나아가 평화 협정까지 맺는 국가들에게는 미국산 무기 구입이 자유로워질 수 있다는 의미다. 이스라엘 정보기관 모사드가 이란에 대해 광범위한 정보와 공작 노하우를 갖고 있다는 점 역시 아랍 국가들에게 매력적일 수밖에 없다.

이스라엘과의 경제 협력에도 적잖은 아랍 국가들이 관심을 보이고 있다. 특히 사우디와 UAE 등 걸프 산유국들이 탈석유화 시대를 준비하고 과학 기술 역량 강화를 추진하면서 신기술 개발과 창업 같은 부문에서 강세를 보이는 이스라엘과의 협력에 관심을 보이고 있는 것이다.

사우디와 UAE 같은 국가들은 트럼프 행정부에서는 물론 다른 대통령이 집권하더라도 이스라엘과의 관계 개선이라는 카드를 활용해 자신들에게 유리한 요소를 최대한 얻어 내려 한다는 분석도 나온다. 트럼프 행정부의 외교 정책에 크게 반발해 온 민주당과 《뉴욕타임스》 등 미 주류 언론에서도 아브라함 협정은 '의미 있는 외교 성과'로 인정하는 분위기다. 수십 년간 이어져 온 상호 적대적인 관계의 국가 사이의 외교 관계를 정상화하고, 평화로운 관계를 형성하는 목적을 지녔기 때문이다. 국제 사회에서도 아랍 국가들과 이스라엘의 외교 관계 정상화가 잘못됐다고 비판하는 나라는 거의 없다. 바이든 당선자가 대통령으로 집권하더라도 아브라함 협정과 관련해선 부정적인 자세를 보이기 힘들 것임을 보여 주는 대목이다.

트럼프 시대에 미국은 왜 이스라엘 편이었을까

이제 저물어 가고 있지만, '트럼프 시대'에 이·팔 분쟁의 가장 큰 변수는 미국이었다. 적어도 겉으로는 이·팔 분쟁의 중재자 역할을 하려는 모습을 보였던 미국이 노골적으로 '기울어진 운동장 만들기'에 나섰기 때문이다. 트럼프 대통령은 미국 대통령은 물론 국제 사회의 주요국 최고 지도자로는 사실상 처음으로 예루살렘이 이스라엘의 수도라고 공개 선언했다. 이스라엘이 건국되기 전까지 예루살렘에는 팔레스타인인들이 주로 살았다. 팔레스타인인들은 자신들이 국가를 세울 때 예루살렘의 일부(동예루살렘)를 수도로 삼겠다고 강조해 왔다. 예루살렘은 기독교, 유대교, 이슬람교가 모두 성지로 여기는 곳이기도 하다. 팔레스타인과 이스라엘 양쪽 모두에게 결코 양보할 수 없는 지역인 것이다. 국제기구나 대부분의 나라들이 예루살렘을 누구의 땅이라고 특정하지 않는 이유기도 하다. 한국을 포함한 대부분 국가는 주이스라엘 대사관을 텔아비브에 설치하고 있다. 게다가 트럼프 행정부는 이스라엘이 시리아와 전쟁을 통해 얻은, 그래서 국제 사회가 '전쟁으로 얻은 땅은 인정하지 않는다'는 논리하에 이스라엘의 주권을 인정하지 않고 있는 골란 고원에 대해서도 이스라엘의 영토라고 공개 인정했다.

물론 처음부터 이·팔 분쟁에서 미국은 공정한 중재자

가 되기 어려웠다. 현실적인 이유 때문이다. 미국 사회에서 금융권을 중심으로 정·관계, 언론, 법조계 등의 핵심에서 왕성하게 활동하는 유대인들의 막강한 영향력 때문이다. 이스라엘에 지나치게 특별 대우를 했던 게 미국의 정책 방향이었고, 분쟁이 생길 때는 특히 문제의 원인과 책임을 팔레스타인에서 찾으려 했던 경우가 많았다.[23] 하지만 적어도 트럼프 이전의 대통령들은 눈치를 보거나, 모른 척하는 모습이라도 있었다. 이제는 '미국이 중재자였던 시절이 있기는 했나'라는 생각이 들 정도로 일방적인 모습이다.

여기엔 트럼프 대통령 시절의 이·팔 분쟁 담당자들도 한몫했다. 트럼프 대통령의 사위로 '백악관의 문고리 권력'으로 통한 재러드 쿠슈너 백악관 선임 보좌관은 정통 유대교의 가르침을 중시하는 집안에서 성장했다. 그의 아버지는 네타냐후 총리와 개인적으로 가까운 사이였다. 네타냐후 총리가 미국을 방문해 쿠슈너 선임 보좌관의 집을 찾은 적도 있을 정도다. 제이슨 그린블랫Jason Greenblatt 전 백악관 중동 담당 특사 (2017년 1월~2019년 10월)는 트럼프 대통령의 최측근 중 하나로 분류되며 직책에 걸맞게 다양한 중동 업무를 다뤘다. 그린블랫 역시 정통 유대교인으로 통한다. 그는 공식 석상에서도 종종 유대교 전통 모자인 '키파'를 쓴다. 출신 대학은 유대인들이 설립한 명문대인 예시바대학이다. 얼마나 정통 유대교인으로서의 정체성을 중시하는지 알 수 있다. 쿠슈너와 그린블랫은 2018년 초 팔레스타인인들에게 교육과 의료 서비스를 제공하는 목적의 국제기구인 '유엔 팔레스타인 난민 기구(The United Nations Relief and Works Agency for Palestine Refugees in the Near East·UNRWA)'를 없애야 한다는 이메일을 주고받은 것으로 알려져 논란이 됐다.[24] 주이스라엘 미국 대사인 데이비드 프리드먼David Friedman은 논란의 여지가 많은 인물이다. 이스라엘 극우파보다 더 심하다는 평가가 나올 정도다. 그는 오래전부터 이·팔 공존을 지향하는 '2국가 해법'을 노골적으로 반대했다. 이스라엘의 패권주의를 비난하는 진보 성향 유대인들을 제2차 세계 대전 시절 나치에 부역한 유대인에 비유해 물의를 빚기도 했다.

트럼프 행정부는 2020년 1월 28일 이스라엘과 팔레스타인 분쟁 해결을 위한 중동 평화 구상을 공개했다. 트럼프 본인은 '세기의 협상'이라 자화자찬했지만 철저히 친이스라엘적이었다. 행사장에서도 친이스라엘 분위기가 풍겼다. 백악관에서 진행된 발표 자리에는 베냐민 네타냐후 이스라엘 총리가 참석했고, 행사장 곳곳엔 유대인 남성들의 전통 모자 키파를 쓴 사람들이 보였다. 평화 구상의 핵심은 팔레스타인 자치령인 요르단강 서안 지구의 이스라엘 정착촌[25]은 인정하되 4년간 추가 건설을 중단하고, 예루살렘을 완전한 이스라엘의 수도로 인정한다는 것이다. 대신 팔레스타인에 대해서는 독립 국가 수립 과정에서 예루살렘 동쪽에 수도를 건설하도록 하겠다고 밝혔다. 500억 달러에 가까운 경제 개발 기금도 제시했다. 트럼프 대통령은 이를 '현실적인 2국가 해법'이라며 "양쪽 모두가 윈윈하는 세기의 협상이다. 지난 70년간 (문제 해결에) 거의 진전을 보지 못한 팔레스타인이 얻을 마지막 기회"라고 자평했다.

네타냐후 총리는 "트럼프 대통령이 지속 가능한 평화를 위한 현실적인 길을 제시함으로써 남들이 하지 못한 올바른 균형을 맞췄다"고 호응했다. 하지만 마무드 아바스Mahmoud Abbas 팔레스타인 자치 정부 수반은 "예루살렘은 흥정의 대상이 아니다. 팔레스타인 민족은 미국의 구상을 역사의 쓰레기통으로 보낼 것"이라며 거부의 뜻을 분명히 했다. 트럼프 대통령의 사위인 쿠슈너 백악관 선임 보좌관을 중심으로 독실한 유대인들이 주도적으로 기획한 평화 구상을 처음부터 인정하지 않은 것이다. 가자 지구를 통치하는 무장 정파 하마스도 평화 구상을 거부하겠다고 밝혔다.

서안 지구 내 이스라엘 정착촌 인정은 팔레스타인으로선 독립 국가 수립 시 영토의 가장 큰 비중을 차지할 지역의 70~80퍼센트만 챙기게 된다는 의미다. 국제법도 이스라엘 정착촌을 불법으로 본다. 이를 어기면서까지 미국이 이스라

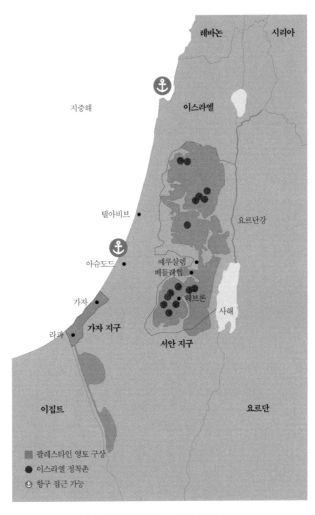

지중해

레바논

시리아

이스라엘

텔아비브 •

아슈도드 •

가자 •

라파 •   **가자 지구**

예루살렘
베들레헴
헤브론

요르단강

사해

서안 지구

이집트

요르단

▇ 팔레스타인 영토 구상

● 이스라엘 정착촌

⚓ 항구 접근 가능

트럼프 행정부의 중동 평화 구상에 따른 팔레스타인 영토.

엘 편을 들었다는 뜻이기도 하다. 또 예루살렘 동쪽 지역을 미래 팔레스타인의 수도로 인정하겠다는 것은 이슬람교의 3대 성지인 데다 팔레스타인인이 거주했던 동예루살렘 대신 예루살렘 동쪽 바깥에 수도를 만들라는 의미로 여겨진다. 트럼프 대통령은 관련 내용을 설명하며 '동예루살렘East Jerusalem' 대신 '동쪽 예루살렘Eastern Jerusalem'이라는 표현을 썼다. 아부디스Abu Dis 지역을 중심으로 동예루살렘 일부 지역만을 팔레스타인의 수도로 인정하겠다는 뜻으로 풀이되고 있다. '예루살렘은 이스라엘의 수도'는 트럼프 행정부의 방침이 다시 읽히는 대목이다. 이스라엘 주권은 확실하게, 팔레스타인 주권은 제한적으로 인정하는 모양새다.

팔레스타인은 군대 편성도 매우 제한적이고, 영공도 이스라엘이 사실상 관할한다. 팔레스타인 영토는 이스라엘이라는 커다란 땅 사이에 듬성듬성 있는 형태다. 사실상 국가로서 제대로 기능하기 힘든 상태인 것이다. 아바스 수반은 트럼프 행정부의 평화 구상으로 구성될 팔레스타인 영토를 '스위스 치즈(구멍이 여러 군데 뚫려 있는 치즈)'로 묘사하기도 했다.[26]

미국의 일방적인 이스라엘 편들기에도 이슬람권의 반응은 비교적 조용했다. 미국과 불편한 사이인 이란과 터키가 강한 반대 목소리를 냈지만, 사우디 등 대부분의 친미 국가들은 특별한 반응을 보이지 않고 있다. UAE, 바레인, 오만 등은 아예 주미 대사가 백악관 행사장을 찾아 사실상 트럼프의 평화 구상을 인정하는 모습을 보였다.[27] 공교롭게도 이 중 UAE와 바레인은 이미 이스라엘과 외교 관계를 정상화했다. 아직 결정된 것은 아니지만 오만도 이스라엘과 외교 정상화 작업에 나설 유력한 나라로 꼽히고 있다.

'아랍판 유엔'으로 불리는 국제기구 아랍 연맹도 무기력하기는 마찬가지였다. 아랍 연맹은 1945년 아랍권의 영향력 및 공동 이익을 늘리자는 취지로 설립됐고, 1964년에는 팔레스타인 해방 기구PLO의 탄생에 기여했다. 또 중동에서 아랍권을 대표하는 단체로 수십 년간 상당한 영향력을 행사해 왔다. 하지만 아랍 연맹은 트럼프 대통령과 네타냐후 총리가 중동 평화 구상을 발표한 지 4일이나 지난 2020년 2월 1일에야 회원국 외교장관 회의를 열었다. 이후 '팔레스타인 사람들의 최소한의 권리와 열망도 충족시키지 못하는 안'이라는 비판 성명만 내놨다. 트럼프 대통령이 워싱턴 백악관에서 중동 평화 구상을 발표할 때 바로 옆에서 환호하던 네타냐후 총리와 대비되는 모습이었다.[28]

트럼프 행정부의 노골적인 '이스라엘 편들기' 행보 중 대표적인 것으로는 유엔 팔레스타인 난민 구호 사업 기구UNRWA에 대한 태도도 꼽힌다. 2018년 8월 31일 트럼프 행정부는 UNRWA에 대한 지원 중단을 발표했다. 팔레스타인 측이 미국이 주도하는 평화 협상에 참여하지 않는다는 이유였다. 팔레스타인에 대한 압박이다.

UNRWA의 2017년 예산은 총 12억 1000만 달러였고, 이 중 약 3억 6400만 달러를 미국이 부담했다. 전체 UNRWA 예산의 30퍼센트 정도가 미국 몫이었다. 현재 UNRWA는 500만 명 이상의 팔레스타인인에게 교육과 의료 지원을 하고 있다. 팔레스타인 난민 규모는 레바논 약 45만 명, 시리아 약 43만 8000명, 요르단 약 220만 명, 가자 지구 약 130만 명, 서안 지구 약 81만 명이다.[29] 처음 이스라엘이 세워질 때 쫓겨난 팔레스타인인은 약 70만 명이었다. 난민 숫자가 지금처럼 늘어난 건 후손들에게도 난민 지위를 줬기 때문이다. 이를 두고 이스라엘을 중심으로 한 반팔레스타인 진영은 잘못된 난민 지위 부여 방식이라고 비판한다.

UNRWA는 팔레스타인인들에게 매우 특별한 의미를 지닌다. 국제 사회가 팔레스타인 난민을 위해 만든 국제기구이며, '난민 지위'를 보여 주는 증명서를 발급하는 역할을 하기 때문이다. 현실에서도 매우 중요하다. 의료와 교육을 제공해 주고, 일자리도 마련해 주기 때문이다. UNRWA가 없어지거나 축소되는 건 팔레스타인 입장에선 의료와 교육 혜택이 적어지고, 일자리도 줄어드는 것을 의미한다.

반면 이스라엘, 나아가 팔레스타인 이슈를 덮어 버리고

싶은 진영에게는 UNRWA를 없애는 것이 '팔레스타인 난민'
이란 지위를 지워 버리는 작업이다. 이스라엘은 그동안
UNRWA가 관료주의와 비효율적인 경영 등에 노출돼 있다고
비판해 왔다.[30] 팔레스타인 난민으로 시리아에서 태어나 현지
의 UNRWA 운영 학교를 다녔던 아흐메드 후세인Ahmed Hussein
아랍조사정책연구원 연구 위원은 현재 상황을 다음과 같이
설명한다. UNRWA가 사실상 기능을 못하게 되면 팔레스타인
난민들은 교육과 의료 문제 때문에라도 결국 자기가 살고 있
는 나라에 귀화해야 한다. 이스라엘로서는 '저들은 모두 국적
이 있다. 난민이 아니다'란 근거를 만들 기회다.

　　UNRWA는 팔레스타인인에 대해 교육 효과와 파급력
을 갖고 있다. 이런 점 때문에 UNRWA가 위기를 맞는 것을
안타깝게 여기는 사람도 많다. 팔레스타인 난민이 가장 많이
거주하는 요르단 출신의 중동 전문가의 설명에 따르면,
UNRWA가 운영하던 학교들은 현지의 일반 학교보다 교육의
질이 더 우수하다는 평이 많았다. 일단 국제기구다 보니 현지
정부의 제재를 덜 받았다. 좀 더 자유로운 토론이 가능했고,
다양한 정치적, 사회적 발언도 가능했던 것이다. 교사도 더 공
정하게 뽑았다. 사실 중동 많은 나라에서는 교사 양성이나 채
용이 체계적이지 않은데, UNRWA 학교들은 국제기구가 공정
하고, 체계적인 기준을 가지고 교사들을 뽑았던 것이다. 게다

가 교사들이 사명감을 가지고 열정적으로 가르쳤다. 그리고 기회가 될 때마다 학생들에게 '너희들은 난민이기 때문에 공부를 더 열심히 해야 한다'고 강조했다. 학생들도 정신적으로 성숙했고, 공부에 대한 열의도 강한 편이었다. 난민이 아닌 현지인 중에서도 일부는 자기 자식을 UNRWA 학교에 보내고 싶어 할 정도였다. 지금도 요르단에선 상류층들이 많이 가는 국제 학교나 사립 학교를 빼면 UNRWA 산하 학교들이 가장 수준이 높다는 평가가 나온다.

이스라엘과 팔레스타인은 공존할 수 있을까

이·팔 분쟁은 현재 중동에서 벌어지는 라이벌전 혹은 갈등 중 '강자'와 '약자'가 가장 확실히 구별되는 사례일 것이다. 현실적으로, 강자인 이스라엘이 약자인 팔레스타인을 무너뜨리는 데 매우 성공적인 모습을 보이고 있다. 특히 트럼프 행정부 들어서서는 더욱 그렇다. 메흐란 캄라바 조지타운대 외교학과 교수가 2016년 출간한 《불가능한 팔레스타인 국가The Impossibility of Palestine》가 떠오르는 시대다.

이·팔 분쟁도 해결될 수 있다는 희망이 잠시나마 확산됐던 때가 있다. 1993년이었다. 9월 13일 양측은 사상 처음으로 평화 협정, 이른바 오슬로 협정을 맺었다. 이를 계기로 이스라엘과 팔레스타인이 모두 주권 국가로 공존하는 것을 지향하는 2국가 해법Two State Solution이 제시됐다.

하지만 지금은 2국가 해법은 현실적으로 불가능하다는 의견이 많다. 오슬로 협정을 맺으며 2국가 해법을 지향했던 이츠하크 라빈Yitzhak Rabin[31] 전 이스라엘 총리와는 비교도 어려운 강경한 보수 성향인 네타냐후 정권이 들어선 게 가장 큰 변화지만, 유대인 정착촌 문제도 2국가 해법을 불가능하게 만드는 핵심 이유다. 현재 유대인 정착촌 규모는 오슬로 협정이 체결됐을 때보다 네 배나 커졌다. 팔레스타인인과 유대인 모두 정착촌 문제를 2국가 해법을 방해하는 요소로 꼽는다. 특히 많은 팔레스타인인들은 정착촌 문제를 이스라엘의 팔레스타인 지역을 겨냥한 합병 정책으로 보고 있다.[32] 앞서 언급했듯, 5선에 성공한 네타냐후 총리는 서안 지구 합병에 나서겠다는 발언까지 공공연하게 하고 있다. 사실상 팔레스타인의 거점 지역을 이스라엘 땅으로 만들겠다는 의미다.

팔레스타인 내부의 문제도 복잡하다. 서안 지역을 거점으로 활동하는 팔레스타인 자치 정부와 가자 지구를 중심으로 활동 중인 하마스 간 갈등이다. 많은 팔레스타인인들이 자신들의 한계로 꼽는 것 중 하나가 두 집단 간 충돌이다. 물론 이스라엘 입장에서는 두 정파 간 갈등이 계속돼 권력이 집중되지 않는 상황을 원한다. 이스라엘은 최근 하마스와 직접적으로 협상하는 경우가 늘고 있다. 팔레스타인 출신 중동 전문가 중에선 이것이 팔레스타인 자치 정부와 하마스가 서로 견제하게 만들려는 조치라고 분석하는 이들도 있다. 팔레스타인 내부의 권력 중심이 팔레스타인 자치 정부에서 하마스로 옮겨 가는 것이라는 분석도 나온다.[33]

한편 이스라엘의 '팔레스타인 지우기'도 아주 강경해지고 있다. 2018년 7월 19일 이스라엘 의회는 '민족국가법'을 통과시켰다. 찬성 62표, 반대 55표였다. 이 법은 헌법에 준하는 기본법에 속한다. '이스라엘은 유대인들의 역사적 조국이다. 이스라엘의 민족 자결권은 유대인의 고유한 권리다' 같은 내용을 담고 있다. 한마디로 이스라엘 전체 국민의 20퍼센트 정도를 차지하는 아랍인들을 배제하는 내용이다. 공용어였던 아랍어도 특수어로 격하됐다. 이를 두고 아랍권에서는 '사실상의 아파르트헤이트(Apartheid·과거 남아프리카공화국의 조직적인 인종 차별 및 분리 정책)'라는 비난의 목소리가 터져 나오고 있다.

네타냐후 정권이 추진할 서안 지구 내 이스라엘 정착촌 합병이 본격화될 경우 팔레스타인은 얼마나 강하게 반발할까? 미국, 다른 아랍 국가들은 이스라엘이 이런 움직임에 들어가도 별다른 조치를 취하지 않을까? 대부분의 중동 전문가, 외교관, 외신 기자들은 이 질문에 현실을 바꾸진 못할 것이라고 답한다.

이·팔 분쟁의 누적된 피로, 아무리 지원해도 팔레스타인이 이스라엘을 이길 수 없다는 좌절감도 다른 아랍 나라들이 이 문제에서 손을 떼려는 이유다. 이란 견제와 이스라엘과의 교류를 통한 경제적 이익 등을 고려하면, 아랍권의 탈팔레스타인 현상은 더욱 두드러질 수밖에 없을 것이다. 이미 아랍권의 맹주이며 중심국인 사우디가 언제 어떻게 이스라엘과의 외교 관계 정상화에 나설지를 분석하는 모습도 많아지고 있다.

조 바이든 대통령 당선인이 집권하면 미국은 트럼프 대통령 시절보다는 중립적이고 이·팔 간 대화를 강조하는 모습을 보일 가능성이 높다. 트럼프 행정부가 사실상 폐지시킨 팔레스타인의 워싱턴 대표부도 다시 설치할 계획이다. 팔레스타인을 위한 경제적, 인도적 지원 확대도 검토하고 있다. 일각에선 UNRWA 지원 등이 다시 재개되는 것 아니냐는 관측도 나온다.

하지만 이·팔 분쟁의 기본 구도나 상황을 바꾸는 일은 없을 것이란 전망이 지배적이다. 이란과의 핵 협상을 추진했고 상대적으로 팔레스타인에 우호적인 입장을 취했던 오바마 행정부와 이스라엘 간의 관계는 그리 안 좋았지만, 바이든 당시 부통령은 이스라엘 측과 가깝게 지냈다. 바이든 당선인 측은 트럼프 대통령 시절 예루살렘으로 이전한 주이스라엘 미국 대사관을 그대로 유지할 방침이다. 게다가 바이든 당선인의 중동 외교 정책을 기획·조율할 인물 다수가 유대인이다. 국무부 장관으로 내정된 토니 블링컨 전 국무부 부장관을 비롯해, 중동 정책을 담당할 가능성이 높은 다니엘 베나임(Daniel Benaim·바이든의 부통령 시절 중동 담당 보좌관), 다프나 랜드(Dafna Rand·전 국무부 부차관보), 마라 러드맨(Mara Rudman·전 국무부 중동 특사 부대표) 등이 모두 유대인이다.[34] 많은 중동 전문가와 외교 관계자들은 이들이 트럼프 행정부에서 중동 정책을 담당했던 유대인 출신 인사들에 비해선 친이스라엘 성향이 훨씬 약하다고 평가한다. 또 바이든 행정부에서 중동 정책을 담당할 유대인 고위 관계자들은 네타냐후 총리의 극우 성향과 정책에 대한 거부감이나 우려도 크다는 평가다. 하지만 이들에게도 이스라엘은 뿌리고, 특별한 존재다. 미국 핵심 주류층에 이토록 많은 유대인들이 포진해 있다는 점을 감안하면, '과연 공정한 이·팔 갈등 중재가 가능할 것인가'에 대한 의구심은 떠나질 않는다.

아랍에미리트 vs 카타르 ;
강소국 간 경쟁에서 대립으로

중동의 허브를 꿈꾸는 두 나라

한국에서 가장 가기 쉬운 중동 국가는 어디일까. 정답은 아랍에미리트와 카타르다. 코로나19 사태가 터지기 전, UAE의 양대 도시인 아부다비와 두바이[35], 카타르 수도 도하로 가는 비행기는 매일 인천 국제공항에 뜨고 내렸다. 한국인은 두 나라 모두 특별한 사전 조치 없이 입국할 수 있었다.

두 나라는 우리 모두가 즐기는 국제 이벤트로도 잘 알려져 있다. 카타르는 2006년 아시안게임을 유치했다. 차기 월드컵(2022년) 개최지이기도 하다. 중동 국가로는 처음으로 월드컵을 유치했다. 아시안게임은 이란(1974년)에 이어 두 번째로 유치한 것이었다. UAE는 1990년대 이후 유일하게 AFC 아시안컵을 두 번(1996년, 2019년) 유치한 나라다. 또 UAE는 2020년 10월 두바이 엑스포를 열 예정이었다. 코로나19 판데믹으로 행사는 2021년으로 연기됐다. 카타르와 UAE는 중동에서는 찾아보기 쉽지 않을 만큼 적극적으로 국제 이벤트를 유치하는 나라라고 할 수 있다.

두 나라는 중동에서 세계의 시선을 주목시킨 독특한 현대 건축물로 유명세를 타기도 했다. UAE에는 세계에서 가장 높은 건물인 부르즈 할리파(Burj Khalifa·삼성물산 시공)가 있다. 카타르에는 사막 장미Sand Rose[36]를 모티브로 삼았고, 건물의 모든 부분이 원형인 카타르 국립 박물관(National Museum

부르즈 할리파 ⓒBurj Khalifa

카타르 국립 박물관 ⓒNational Museum of Qatar

of Qatar·NMoQ·현대건설 시공)이 있다.

카타르와 UAE는 서구 문명을 받아들이는 데 보수적인 중동에서 드물게 미국과 유럽의 대학을 많이 유치했다. 두 나라 모두 적극적으로 국제 교육·연구 특구를 설립해 중동의 교육 허브, 나아가 지식 허브가 되려고 노력 중이다. 카타르의 교육·연구 특구인 에듀케이션 시티Education City에는 노스웨스턴대 등 8개의 미국과 유럽 대학이 캠퍼스를 만들었다.[37] UAE에는 두바이의 놀리지 파크Knowledge Park를 중심으로 호주 울런공대, 미시건주립대, 로체스터 공과대 같은 해외 유명 대학들이 진출해 있다. 아부다비에는 뉴욕대와 유럽 최고 경영 대학원으로 꼽히는 프랑스의 인시아드INSEAD가 있다.

두 나라는 중동에서 가장 외국인이 많이 살고 있는 나라이기도 하다. 카타르는 인구 약 277만 명(2019년 카타르 개발 계획 통계청 기준) 중 자국민이 약 30만 명에 불과하다. UAE는 인구 약 950만 명(2019년 UAE 통계청 기준) 중 자국민이 약 114만 명이다. 두 나라에 거주하는 외국인들은 건설 노동자, 환경 미화원, 가정부 같은 이른바 '단순 노동자'부터 시작해서 의사, 엔지니어, 변호사 같은 전문직, 정부 기관과 기업의 관리자와 임원까지 다양하다.

UAE는 2020년 7월 화성 탐사선 '아말(아랍어로 희망이란 뜻)'을 발사하는 데 성공하기도 했다. 아랍권의 첫 화성 탐

사선이다. 미국 등 기존 우주 강국이 벌이던 화성 탐사 경쟁에 UAE가 도전했다는 의미가 있다.[38]

한마디로 카타르와 UAE는 중동에서 가장 적극적으로 혁신과 개방에 나서고 있는 나라다. 두 나라 모두 자원을 바탕으로 막대한 국부를 쌓고, 재정적 역량을 바탕으로 혁신과 개방을 추진한다. 카타르는 천연가스 매장량 세계 3위, 액화 천연가스 수출 1위를 기록 중인 부국이다. UAE는 원유 생산량과 매장량 등에서 세계 6~8위권이다. 말 그대로, 가스 머니(카타르)와 오일 달러(UAE)를 투입해 나라를 바꾸고 있는 것이다. 많은 중동 전문가나 중동 지역 사람들은 두 나라의 이런 모습을 '소프트 파워 경쟁'과 '허브 경쟁'으로 표현하기도 한다. 두 나라 모두 다양한 방식으로 자국의 소프트 파워 역량을 키우고 있다.[39]

아랍조사정책연구원의 이합 마하르마 연구 위원은 카타르와 UAE의 소프트 파워와 허브 전략에는 중점적으로 여기는 분야에서 차이점이 있다고 분석했다. UAE는 물류(중동 최대 항만), 무역, 교통(중동 최대 국제공항), 금융, 해외 기업 유치(글로벌 기업의 중동과 아프리카 지역 담당 본부·지사 유치)를 앞세웠다. 중동의 경제 중심지를 지향하는 것이다. 반면 카타르는 미디어(알자지라 방송 본사), 문화 예술(이슬람 예술 박물관, 아랍 현대 미술관 등), 스포츠(월드컵과 아시안게임), 교육(에듀케이션 시티)을 전략 분야로 육성하고 있다. 여기에 카타르는 자국에 아프가니스탄의 탈레반과 팔레스타인 하마스 같은 무장 정파들이 대외 사무소를 설치할 수 있게 했다. 상대적으로 외교나 지식 산업 중심지를 지향하는 모양새다.

카타르 도하의 알자지라 방송 본사

　　카타르의 탈레반과 하마스 관련 외교를 두고는 카타르와 미국 등 서방 국가의 이해관계가 맞아떨어졌다는 평가가 나온다. 카타르는 중동에서 정치·외교적 영향력을 키우는 데 관심이 많고, 미국과 서방 국가들은 탈레반 및 하마스와 원활한 접촉이 필요하기 때문이다. 실제로 미국과 탈레반 간의

'아프간 내 미군 철수 관련 협상'도 카타르에서 진행됐다. 카타르는 미국과의 안보 협력에도 적극적이다. 카타르에 있는 알우데이드 공군 기지Al Udeid Air Base는 중동에 있는 미군 기지 중 가장 큰 규모를 자랑하는 곳 중 하나다. 미국은 알우데이드 공군 기지를 중심으로 중동 지역에서 벌어지는 전쟁에 공군력을 투입하고 있다. 알우데이드 공군 기지는 카타르 안보 전략의 핵심으로 여겨진다. 카타르에 적대적인 사우디아라비아와 UAE가 카타르를 상대로 군사적 조치를 취할 수 없는 이유로도 꼽힌다.

카타르와 UAE는 중동에서 작지만 경쟁력 있는 나라로 자리매김하기 위해 가장 노력하고 있는 국가다. 중동 국가 중 자원에만 의존하지 않고, 다른 산업군의 경쟁력을 확보하려는 움직임을 적극적으로 보이고 있기도 하다. UAE는 두바이를 중심으로 이미 1990년대부터 중동의 핵심 소프트 파워 국가가 되려는 작업을 시작했다. 카타르는 2000년대 들어서면서 본격적으로 이런 움직임을 보였다. 카타르와 UAE는 공식적으로 서로를 라이벌이라고 부르진 않는다. 그러나 카타르와 UAE의 국가 개발 전략에는 상대를 의식하거나, 라이벌 감정이 작용했다고 볼 수 있는 경우가 꽤 많다.

카타르와 UAE 모두 지역의 허브(관문) 국가가 되는 데 꼭 필요한 인프라인 항공사 육성에 경쟁적으로 공을 들이고 있다. 글로벌 항공사 서비스 평가 기관인 스카이트랙스 SKYTRAX 등의 평가에 따르면 카타르항공, 에미레이트항공 (UAE 두바이), 에티하드항공(UAE 아부다비)은 최근 꾸준히 최상위권에 오르고 있다. 인공 섬과 관광 단지, 외국인 투자 유치를 위한 국제 금융 센터와 경제 자유 구역, 국제적인 교육·연구 특구 등을 개발하는 데 앞서거나 뒤서거나 하며 경쟁해 왔다.

카타르와 UAE의 대학에서 10년 넘게 활동한 한 인도계 미국인 교수는 사우디와 이란이 각각 종교 중심지(수니파와 시아파)와 대국으로서 계속 비교되고 경쟁하는 사이라면, 카타르와 UAE는 중동에서 가장 강한 소프트 파워 국가 혹은 허브 국가의 자리를 두고 경쟁하는 사이라고 전했다. 두 나라처럼 경쟁의식이 강한 나라도 중동에 드물다는 것이다. 공식적으로, 노골적으로 표현하지 않을 뿐 두 나라 정부 관계자는 물론 일반 국민들도 상대방에 대한 비교와 견제 의식이 매우 강하다는 설명이다. 카타르와 UAE 시장을 담당하는 유럽계 컨설팅사 관계자 역시 "양쪽 모두 상대방에 대한 이야기를 하면 매우 의식하고, 견제하는 경향이 강하다"고 말했다.

실제로 아부다비의 신성장 동력 육성 전략과 두바이 경제 위기 취재를 위해 UAE를 방문했을 때도 적지 않은 현지 정부 관계자와 전문가들이 카타르의 개발 및 혁신 전략에 대해 언급했다. 일부는 필자 개인의 견해를 물어보기도 했다. UAE 정부 관계자와 전문가들의 이야기는 대략 다음과 같았다.

> "중동에서 가장 글로벌 스탠더드에 부합하는 사회 인프라와 시스템을 가지고 있는 나라는 단연 UAE다. 최근 카타르가 비슷한 시도를 많이 한다고 들었지만, 규모나 질적인 면에서 아직 비교 대상은 아니라고 생각한다."

> "UAE는 카타르보다 개혁·개방을 시도한 시간이 훨씬 길고, 문화적으로도 이미 더 개방돼 있다. 외국인들을 위한 국제 학교, 편의 시설, 개방성 등에서 카타르가 UAE를 따라오기는 힘들다."

카타르의 정부 관계자들과 전문가들도 UAE 이야기가 나오면 비슷한 식으로 이야기한다. 물론 UAE보다 자신들이 낫다는 것을 매우 강조하려고 한다. 카타르와 UAE의 라이벌 구도를 엿볼 수 있는 대목이다.

> "아부다비의 루브르 박물관과 구겐하임 미술관은 외국의 유명 미술관을 그냥 사온 것에 불과하다. 반면 카타르는 자체적으로 국제적인 수준의 박물관을 기획했고, 아랍권과 이슬람

권을 대표하는 문화재와 작품을 중점적으로 전시하고 있다."

"에듀케이션 시티에는 조지타운대, 코넬대, 노스웨스턴대, 카네기멜론대 같이 아이비리그 소속이거나, 아이비리그에 준하는 미국에서도 최상위권으로 평가받는 대학들이 국제 캠퍼스를 설치했다. UAE에 진출해 있는 해외 대학들보다 훨씬 우수하다."

라이벌을 넘어 적대 관계로

카타르와 UAE의 라이벌 혹은 비교 관계는 2017년 6월 5일을 기점으로 매우 적대적인 관계로 바뀌었다. UAE가 사우디아라비아, 바레인, 이집트와 함께 카타르의 외교 정책과 국정 운영을 문제 삼으며 카타르와 단교에 나섰기 때문이다. 이른바 '카타르 단교 사태'다.

두 나라는 지역의 '큰형'인 사우디가 주도한 걸프 협력 회의(Gulf Cooperation Council·GCC)[40]의 회원국이며, 석유 수출국 기구OPEC의 가입국이기도 했다. 외교·안보적으로 미국, 유럽과 가깝고 한국, 일본, 중국 같은 동북아 국가들과도 원만한 관계를 구축하고 있다는 점도 비슷하다. 카타르 단교 사태는 사우디, UAE, 바레인, 이집트 등이 카타르의 △우호적인 대이란, 대터키 외교 △알자지라 방송 운영을 통한 자국 지도층 비판 △무슬림 형제단The Muslim Brotherhood 같은 이슬람 근본주의 단체 포용 및 지원 등을 문제 삼으며 카타르와의 외교와 교역을 일시에 중지한 대형 사건이다. 심지어 이들은 카타르 국적의 사람, 비행기, 선박, 자동차의 이동도 금지했다. 영공, 영해, 영토를 말 그대로 봉쇄한 것이다.

중동에서 수많은 갈등이 발생하지만 카타르 단교 사태는 지역에서 오랜 기간 같은 언어, 문화, 종파(이슬람교 수니파), 정치, 안보 체제 등을 공유해 온 형제국 간의 갈등이어서 많은 주목을 받는다. 특히 약자인 카타르가 '항복'하지 않은 채 3년이란 시간이 지났고, 갈등의 실마리는 여전히 풀리지 않고 있다. 카타르는 오히려 단교 사태를 주도한 나라들을 교묘하게 비판하며 자기 목소리를 낸다. 2018년 12월 OPEC을 탈퇴한 것도 좋은 예다. 당시 카타르는 천연가스 중심의 경제 구조를 갖췄고, 자국의 원유 생산량이 OPEC 전체 원유 생산량의 2퍼센트 정도밖에 안 돼 OPEC 가입이 사실상 필요 없다고 주장했다.

하지만 카타르의 이런 행보는 사우디를 비롯한 단교 주도국들을 정치적으로 압박하고 그들과의 거리 두기에 나서는 움직임이었다는 평가가 많다. 특히 카타르의 OPEC 탈퇴 당시 사우디는 반정부 언론인 자말 카슈끄지Jamal Khashoggi 살해 사건[41]의 배후에 사우디 왕세자 무함마드 빈 살만 알사우드가 있다는 의혹이 제기되며 국제 사회에서 큰 비판을 받는 등 어려움을 겪고 있었다. 이런 상황에서 카타르의 OPEC 탈퇴는 사우디 입장에선 얄미운 행보일 수밖에 없었다. 현재 카타르는 천연가스를 수출하는 국가들의 모임인 천연가스 수출국 포럼(Gas Export Countries Forum·GECF)을 OPEC처럼 만드는 데 관심이 많다. GECF의 본부는 도하에 위치하고 있고, 카타르를 중심으로 이란, 러시아, 알제리 등이 적극 활동하고 있다.

카타르를 고립시킨 나라들은 카타르가 사우디의 주적, 나아가 아랍권에 위협이 되는 이란과 원만한 관계인 게 못마땅하다. 그러나 카타르는 페르시아만의 세계 최대 해상 천연가스전인 카타르령 노스돔North Dome과 이란령 사우스파South Pars를 이란과 함께 쓰는 사이다. 현실적으로 자국 경제의 핵심인 천연가스를 안정적으로 확보하려면 이란과 사이좋게 지내야만 하는 운명인 것이다.

카타르 단교 사태를 주도한 국가들이 문제 삼은 알자지라 방송은 카타르 정부가 설립한 뉴스 전문 채널이다. 중동 이슈 보도에서 세계적인 특종과 다양한 심층 기획 보도로 영향력을 갖고 있다. 2001년에는 9.11 테러를 기획한 테러 단체 알카에다의 리더 오사마 빈 라덴의 단독 인터뷰를 내보내기도 했다. '중동의 CNN', '중동의 BBC'라는 별명을 갖고 있는 알자지라 방송은 카타르 내부에서는 특별한 평가를 받는다. 천연가스와 원유 외에는 국제적으로 알려진 게 없던 카타르의 이름을 전 세계에 알렸다는 것이다. 카타르의 관광 기념품 가게에서 알자지라 방송의 로고나 메시지를 담은 티셔츠, 머그컵, 볼펜 같은 기념품을 판매할 정도다. 카타르 노스웨스턴대의 언론학 교수 크레이그 라메이Craig LaMay도 카타르는 본격적인 개혁 개방에 나서면서 미디어를 핵심 섹터로 여겨 왔고, 알자지라 방송은 카타르의 국가 브랜드를 높이는 데 크게 기여했다고 평가했다.

그러나 알자지라 방송은 카타르 정부에 대한 뉴스는 거의 다루지 않으면서 다른 아랍권 나라 정부와 사회 문제에 대해선 강하게 비판한다.[42] 당연히 사우디와 UAE를 중심으로 한 주변국은 이에 민감하게 반응한다. '뜨거운 감자'일 수밖에 없는 것이다. 특히 2011년 터진 아랍권의 민주화 운동, 즉 아랍의 봄 당시 알자지라 방송은 부패하고 독재적인 지도층에 대한 시위와 반대 움직임을 대대적으로 보도했다. 말 그대로 주변국들의 신경을 긁는 행태였다.[43]

이슬람 근본주의 성향의 정치 단체인 무슬림 형제단에 대한 카타르의 포용 정책도 비슷한 맥락이다. 이슬람 근본주의와 함께 부패하고, 독재 성향인 지도층에 대한 저항을 강조하는 무슬림 형제단은 왕실, 특정 인물(주로 독재자), 군부가 권력을 독점하는 경우가 많은 중동 정치권에선 눈엣가시다. 자신들의 자리를 위협하고, 국민을 선동하는 역할을 하기 때문이다. 이에 따라 UAE를 포함해 사우디, 이집트, 바레인 같은 나라들은 무슬림 형제단을 '테러 단체'로 취급한다.

반면 카타르는 무슬림 형제단의 근본주의적이며 과격한 성향에 대한 우려는 가지고 있지만, 이들을 어쨌든 정상적인 혹은 협력 필요성이 있는 단체로 본다.[44] 또 카타르는 2011년 아랍의 봄 민주화 움직임이 한창 불 때 무슬림 형제단 사상에 영향을 받은 정권들이 북아프리카와 중동 지역에서 계속 영향력을 발휘할 것이라 판단했다(현재는 전반적으로 무슬림 형제단의 지원을 받은 정치인보다 군부 출신 인사가 더 큰 영향력을 발휘하고 있다). 그래서 카타르는 2014년 3월 이집트 출신으로 무슬림 형제단의 사상적 지도자로 인정받고 있고, 사우디, UAE, 바레인, 이집트 등에선 위험인물로 여겨지는 유수프 알카라다위Yusuf Al-Qaradawi의 망명을 허용했다.[45] 사우디와 UAE는 카타르의 무슬림 형제단에 대한 지원을 지역 전체의 안정을 해칠 수 있는 위험한 시도로 봤다.[46]

리비아 내전을 둘러싸고도 카타르는 사우디, UAE, 바레인, 이집트와 결을 달리한다. 카타르는 터키와 함께 이슬람 근본주의 성향이 강한 리비아 통합 정부GNA를 지원한다. 반면 사우디와 UAE 등은 동부 지역을 중심으로 활동 중이며 세속주의 성향인 군벌 리비아 국민군LNA을 지원 중이다.

깊어지는 반감과 적개심

중동 외교가에서는 사우디와 UAE를 단교 주도국으로 분류한다. 원유나 가스 판매가 매우 미미해 재정난이 심하고, 왕실 등 지도층은 수니파지만 국민 중 약 60퍼센트 이상이 시아파라 국정 운영에 어려움을 겪는 바레인은 사우디에 재정과 안보를 모두 기대고 있다. 사실상 사우디의 영향력 아래 있는 상태다. 바꿔 말하면, 바레인은 중요한 외교 정책을 독자적으로 주도하거나 결정할 수 있는 힘이 부족하다. 이집트 역시 인구 약 1억 39만 명(2019년 세계은행 기준)의 대국이지만 경제난으로 나라 사정이 엉망이다. 반면 UAE는 일단 사우디 다음으로 걸프 협력 회의 소속 국가 중 영향력이 큰 나라로 여겨지고, 현재 이 나라의 최고 지도자인 무함마드 빈 자이드 알나한 Mohammed bin Zayed Al Nahyan 아부다비 왕세제는 사우디의 '실세 중 실세'로 통하는 무함마드 빈 살만 알사우드 왕세자와 매우 가까운 사이다. 사우디 왕세자가 연장자인 UAE 아부다비 왕세제로부터 국정 운영, 개혁·개방 등과 관련해 많은 이야기를 듣는다는 것도 정설로 여겨진다. 여러 정황상 카타르 단교 사태를 기획하고, 시행하는 데 UAE가 적지 않은 기여를 했을 것이란 의심이 제기되는 부분이다.

특히 단교 사태가 터지기 직전 화제를 모았던 '가짜 뉴스'를 UAE가 만들고 퍼뜨렸다는 의혹도 제기되면서 UAE의 '단교 역할론'에 대한 의심도 더욱 커지고 있다. UAE가 카타르 국영 통신사QNA를 해킹해 '타밈 빈 하마드 알사니Tamim bin Hamad Al Thani 카타르 국왕이 이란을 옹호했다'는 가짜 뉴스를 올렸다는 《워싱턴포스트》의 보도가 나왔다. 카타르는 해당 뉴스가 QNA에 뜬 직후부터 국왕의 발언이 사실이 아니라고 강조했다. QNA의 서버가 해킹을 당하면서 가짜 뉴스가 퍼졌다는 주장이었다. 카타르로선 UAE가 해킹을 통해 자국의 이미지를 실추시키고 여론을 호도하는 결정적인 역할을 했다는 의심을 가지고 분노하는 상황인 것이다.

일부 카타르 인사들은 노회한 아부다비 왕세제가 국정 운영 경험이 부족한 사우디 왕세자를 부추겨 카타르 단교 사태가 터졌다고도 주장한다. 이들은 또 카타르가 급성장하자 중동의 독보적인 소프트 파워 국가, 허브 국가 지위를 위협받게 된 UAE가 어떻게든 카타르의 부상을 막으려고 공을 들여 왔다고 입을 모은다. 심지어 카타르인들은 "1971년 UAE가 처음 구성될 때 카타르가 연방에 들어가려고 하다 최종적으로는 탈퇴하기로 결정하면서부터 감정이 안 좋다. 그 후에도 한동안 조용했던 카타르가 2000년대 들어서면서부터 가스 머니를 통해 급성장하니 UAE 입장에서는 더욱 못마땅한 것이다"라는 주장도 펼친다.

반면 UAE로서는 자국의 가장 큰 안보 위협 세력인 이란에 우호적이고, 자신들이 먼저 진행하고 있는 중동의 소프트 파워 국가와 허브 국가 전략을 벤치마킹해 자신들과 경쟁하는 카타르가 얄미울 수밖에 없다. 게다가 무슬림 형제단 지원과 알자지라 방송을 통한 자국 비판 등 말 그대로 '미운털'이 가득 박힐 만한 짓을 카타르가 하고 있다고 보는 것이다.

두 나라가 카타르 단교 사태 이후 얼마나 노골적으로 서로에 대한 적개심을 보이고 있는지는 다음 사례들을 통해서도 느낄 수 있다.

#1

2017년 7월 19일 한국을 방문한 수하일 모하메드 파라즈 알 마즈루이Suhail Mohamed Faraj Al Mazrouei UAE 에너지부 장관은 신라호텔에서 갑작스럽게 기자 간담회를 연다. 이날 간담회의 내용은 카타르 단교를 지지해 달라는 것이었다. 중동 국가의 장관들은 정도 차이는 있지만 한국에서 기자 간담회를 자주 갖지 않는다. 기자들과 만난다고 해도 본인의 업무에 대한 이야기만 주로 한다. 비중동 국가 장관도 통상적으로는 그렇다. 하지만 이 간담회에서 외교 관련 부처의 장관도 아닌 알마즈루이 장관은 "카타르가 테러 단체를 지원하고, 지역의 안정을 해친다"며 목소리를 높였다. 외교 장관도 아닌데 단교 사태를 언급하는 특별한 이유가 있냐는 질문에는 "(UAE가) 한국과 긴밀히 교류하고 있기 때문이고, 다른 UAE 장관들도 요즘 방문국에서 이런 간담회를 연다"고 답했다. 알마즈루이 장관의 간담회는 이날 화제였다. 카타르나 UAE가 아닌 한 중동 국가의 외교관은 "카타르로부터 천연가스를 가장 많이 수입하는 나라 중 하나인 한국에서 공개적으로 '카타르 단교를 지지해 달라'고 하는 건 다소 무리한 주장일 수 있다. 게다가 알마즈루이 장관은 외교 장관도 아니고 에너지 장관 아닌가. 바꿔 말하면 UAE가 그만큼 카타르 단교에 강경한 입장을 가지고 있다는 뜻"이라고 해석했다.

#2

2018년 10월 30~31일 카타르 도하에서는 미국의 싱크탱크인 수판 센터The Soufan Center, 조지타운대 카타르 캠퍼스, 카타르대가 공동 주최한 '해외 전사들의 귀환 포럼'[47]이 열렸다. 이날 행사에 참석했던 칼리드 빈 무함마드 알아띠야Khalid bin Mohammad Al Attiyah 카타르 국방부 장관은 대담 코너에서 2001년 미국에서 터진 9.11 테러 용의자들을 언급하며 당시 테러리스트들의 국적은 사우디, UAE, 이집트 출신이었다고 말했다. 9.11 테러 용의자 19명 중 15명이 사우디 출신이다. UAE 출신은 2명이고, 이집트와 레바논 출신이 각각 1명씩이다. 알아띠야 장관의 말은 정확하게 테러리스트들의 국적을 언급한 것일 수 있다. 그러나 사우디 외 다른 국가가 언급될 때 현장에 있던 사람들 중에서는 웃음을 짓는 이들이 많았다. 현장에 있던 한 외신 기자는 "일반적으로는 사우디 출신의 극단주의 세력이 비행기를 납치해 테러를 감행한 것으로 여겨지는 게 9.11 아닌가. 테러리스트들 국적을 일일이 언급하며 어떻게든 UAE 출신도 포함돼 있다는 이야기를 하고 싶었을 것"이라고 지적했다.

#3

2018년 10월 카타르 외교부의 비공식 외신 기자 간담회가 있었다. 《동아일보》, 《뉴욕타임스》, 《가디언》, CNN, 블룸버그통신 기자들과 카타르 외교부 고위 관계자 간 모임이었다. 당시 간담회는 오프더레코드(비보도)를 전제로 열렸고, 카타르 단교 사태, 카슈끄지 살해 사건, 미국의 이란 제재 등이 화제가 됐다. 당시 카타르 측 인사들은 사우디 국왕을 언급할 때 'King of Saudi' 같은 매우 공식적인 표현을 썼다. 그러나 무함마드 빈 살만 알사우드 사우디 왕세자와 무함마드 빈 자이드 알나햔 UAE 아부다비 왕세제에 대한 이야기가 나올 때는 이들의 이름을 영문 약자로 따서 부르는 방식인 'MBS(무함마드 빈 살만)'와 'MBZ(무함마드 빈 자이드)'란 호칭을 썼고, 심지어 한국어로 번역하면 '그 사람'에 해당하는 'This guy', 'That guy'란 표현도 썼다.

걸프 협력 회의 국가의 정부 관계자들은 국왕이나 왕실 인사들을 호칭할 때 자국뿐 아니라 타국 인사에게도 통상 극존칭을 쓴다. 사우디 국왕의 경우 'His Majesty(폐하)', 왕세자는 'His Royal Highness(전하)'라고 표현한다. 다른 GCC 나라 국왕이나 왕세자는 보통 'His Highness(전하)'로 표현한다. 그런 점에서 아무리 비보도 간담회였다고 해도 외교부 고위 관계자가 기자들 앞에서 MBS, MBZ, 'This guy' 식의 표현을 쓴건 상당히 파격적으로, 혹은 정치적인 의도가 담긴 표현으로 여겨질 수 있다. 카타르 단교 사태와 관련한 카타르 정부 관계자들의 심리를 비교적 정확히 엿볼 수 있는 대목이다.

#4

2019년 1월의 카타르에선 2002년 6월 한국에서 느껴졌던 분위기가 감지됐다. 축구 열풍이다. 중동에서도 큰 주목을 못 받던 카타르 국가대표팀이 아시안컵에서 우승을 한 것이다. 예선전에서는 사우디, 준결승전에서는 UAE를 모두 이긴 것에 카타르인들은 열광했다. 특히 준결승전에서 자국 팀의 졸전에 화가 난 UAE 팬들이 물병과 신발 등을 경기장으로 던진 것을 조롱하고 비난하는 메시지와 이미지들이 카타르인들의 소셜 미디어에 대거 돌아다녔다. 일부 카타르인들은 아시안컵이 시작되기 전부터 "예선전에서부터 단교 주도국인 사우디를 만난다. 사우디를 이긴 뒤 준결승에서 또 다른 단교 주도국인 UAE를 이기는 걸 상상한다. UAE에서 카타르가 우승하는 것? 생각만 해도 흥분된다"는 이야기를 했다. 정치, 외교 관계를 넘어 국민들의 감정 역시 격해져 있음을 알 수 있다.

#5

2020년 9월 미국, 나아가 세계 정치의 1번가인 워싱턴에서도 UAE와 카타르 간 대결이 벌어졌다. 카타르 알자지라 방송의 온라인 계열사 '알자지라 플러스'의 지위를 둘러싸고 카타르와 UAE가 치열한 승부를 벌인 것이다. UAE는 로비스트를 대대적으로 고용해 "알자지라는 카타르 국익을 위해 활동한다. 언론이 아닌 정부 산하 조직 혹은 로비 기업으로 봐야 한다"고 주장해 왔다. 그리고 미국 법무부는 2020년 9월 15일 "알자지라 플러스는 외국인 에이전트 등록법FARA에 따라 해외 에이전트로 등록해야 한다"고 발표했다. 비록 본사 격인 알자지라 방송에 대해선 이런 조치가 내려지지 않았지만 UAE로서는 워싱턴 외교가에서 알자지라 방송과 카타르의 이미지를 부정적으로 만들 수 있는 성과를 얻은 것이었다.[48]

카타르 측은 "UAE가 자국 정보기관과 로비스트들을 이용해 미국에 계속 잘못된 정보를 흘린 것이다. 또 트럼프 행정부가 11월 대선이 치러지기 전에 '이스라엘-UAE-바레인' 3각 수교라는 외교 성과를 내기 위해 일방적으로 UAE 편을 들었다"고 발끈했다.

단교 사태는 걸프 협력 회의에 어떤 영향을 미칠까

카타르 단교 사태는 여전히 계속되고 있다. 다행히 군사적 충돌은 없었다. 앞으로도 없을 가능성이 높다. 하지만 다음과 같은 이슈를 둘러싸고 다양한 형태의 영향력을 발휘할 전망이다.

걸프 협력 회의의 붕괴

GCC는 아라비아반도의 6개 왕정 산유국(사우디, 카타르, 쿠웨이트, UAE, 오만, 바레인)이 결성한 중동, 나아가 국제 사회의 대표적인 정치 결사체다. GCC 구성원 간 정치, 경제 협력 수준은 매우 높다. 왕래도 자유롭고, 결혼도 많다. GCC 국가 국제 공항의 입국 심사 줄은 주로 '자국민과 GCC 국적자'와 '외국인'으로 나눠질 정도다. 카타르 단교 사태가 터지기 전에는 통화 단일화 등 사실상의 경제 통합까지 거론됐다.

중요한 건 GCC의 탄생 배경이다. GCC는 1981년 사우디가 주도한 모임이다. 지역의 대국이며 다른 정치 체제를 지닌 이란과 이라크를 견제하는 게 가장 큰 목적 중 하나였다. 당시 이란은 루홀라 호메이니가 주도한 혁명으로 팔레비 왕조가 무너진 상황이었다. 이라크에서는 사담 후세인 정부가 세속주의 공화정을 추구했다. 왕정 국가들로서는 이래저래 불안할 수밖에 없는 상황이었다. 특히 이란의 뿌리 깊은 지역 팽창 전략과 '혁명 수출 움직임'은 더더욱 왕정을 불안하게 만들었다. 공통된 위험에 맞서기 위해 구축됐기에, GCC 회원국 간의 결속은 매우 탄탄했다.

하지만 카타르 단교 사태로 GCC 회원국 간에는 분명한 견해차와 균열이 나타나고 있다. 단교 주도국(사우디, UAE, 바레인), 중립국(쿠웨이트, 오만), 단교 대상국(카타르) 식으로 사실상 세 개 그룹으로 나눠졌다. 이미 상대적으로 시아파 인구 비율이 높은 쿠웨이트와 수니파, 시아파와는 또 다른 '이바디파'를 믿는 오만도 이번 기회에 사우디와 적당한 거리 두기에 나설 것이란 전망도 나온다. 특히 오만은 단교 사태 뒤 카타르에 항만까지 적극적으로 제공하고 있다. 사실상 사우디와의 거리 두기라는 해석이 많다. 오만은 전통적으로 이란과의 관계가 원만했다. 이를 두고 이란이 비시아파인 카타르와 오만에 대한 우호 관계와 영향력을 키우면서 더욱 적극적으로 지역 내 영향력 확장과 GCC 힘 빼기 작업에 들어갈 것

이란 전망도 나온다.[49]

적지 않은 국내외 중동 전문가들은 GCC는 사실상 붕
괴됐다고 말한다. 인남식 국립외교원 교수는 "GCC는 중동에
서 가장 응집력이 높고 동질적인 정치 결사체고, 이 안에서도
사우디와 카타르는 부족 전통이나 이슬람 사상적으로 가장
유사했다"며 "카타르 단교 사태와 이로 인한 GCC의 분열은
국가 이익이 부족과 종파로 인한 정치적 결속력보다 훨씬 우
세하게 작용할 수 있음을 보여 준다"고 짚었다.[50]

카타르의 인문 사회 과학 계열 대학인 도하 인스티튜트
Doha Institute의 술탄 바라캇Sultan Barakat 갈등과 인권 연구소장은
사우디가 강하게 영향력을 발휘하고 싶어 하는 GCC의 나라
중 이미 카타르는 완전히 결별을 밝혔고, 오만과 쿠웨이트도
카타르보다는 덜 적극적이지만 계속 거리 두기를 하는 상황
이라고 지적한다. GCC가 제대로 기능하는 건 쉽지 않을 것이
라는 의미다. 아랍조사정책연구원의 마르완 카발란 정책 분
석 본부장도 "(카타르 단교 사태 뒤) GCC의 존재 이유는 심각
하게 훼손됐다. GCC의 부활을 위해선 큰 정치력과 지혜가 필
요하다"고 지적했다.[51]

터키의 걸프 진출

카타르 외교 연구원에 따르면 카타르는 단교 사태가 터지기

전까지 80퍼센트 이상의 식품, 의약품, 각종 생활필수품을 사우디로부터 수입했다. 정확히는 육로를 통해 사우디를 거쳐 물건을 국내로 들여왔다. 하지만 단교 사태 뒤, 사우디가 국경을 봉쇄하고 교역을 중단하면서 일시적인 물품 부족 현상에 시달렸다.

당시 카타르를 도와준 대표적인 나라는 터키와 이란이다. 두 나라의 화물기가 식료품과 생필품을 실어 나르는 모습은 다양한 뉴스를 통해 알려졌다. 사우디가 지역에서 가장 라이벌로 생각하는 두 나라의 이런 움직임은 다양한 분석과 전망을 만들어 내기에 충분했다. 식료품과 생활필수품의 확보 경로를 다양화하는 과정에서 카타르는 사막 한가운데 대형 실내 목장을 만들기도 했다. 자국에서 최대한 신선 유제품(우유, 치즈, 버터 등)을 생산하겠다는 발상이었다. 에어컨, 습도 조절 장치 등이 설치돼 있는 실내 목장에서 7000여 마리의 젖소를 키우며 유제품을 생산하고 있는 것이다. 현지 식품 기업인 발라드나Baladna가 운영 중인 목장은 카타르 단교 사태가 터진 뒤 나라 안팎에서 카타르의 저항을 보여 주는 장소로 여겨진다.

특히 터키는 단교 사태 직후 카타르에 군대를 파병했다. 사실상 걸프 지역에 대한 군사 진출이다. 터키로서는 제1차 세계 대전 이후 오스만 튀르크 제국이 붕괴된 뒤 발을 뺀 걸프 지역에 다시 돌아온 것이다. 카타르 외교부 산하 외교 연구원의 압둘아지즈 빈 무함마드 알호르Abdulaziz bin Mohammed Al-Horr 원장은 터키군 주둔은 단교 사태와 특별한 연관이 없으며 카타르는 원래 터키와 군사 협력을 계획하고 있었다고 언급했다. 하지만 터키군의 카타르 주둔은 그 자체만으로 상징성을 가질 수밖에 없다. 또 두 나라의 관계가 얼마나 밀접한지를 보여 준다. 나아가, 카타르 안팎에서는 터키군이 카타르 정규군에 대한 훈련 지원과 왕실 및 정부 고위 관계자들에 대한 경호 지원까지 한다는 이야기도 나온다. 터키가 경제 위기로 심각한 환율 문제를 겪은 2018년 8월 카타르는 150억 달러를 지원했다. 터키와 카타르 간 밀월 관계가 얼마나 갈지는 새로운 관전 포인트로 떠오르고 있다. 일각에선 시리아 사태에 개입하는 터키와 이란의 상황까지 고려해야 한다는 주장도 나온다. 카타르-터키-이란이 새로운 협력 축으로 부상할지, 그렇다면 앞으로 어떻게 성장할지, 얼마나 긴밀히 작동할지 주목할 필요가 있다는 것이다.

UAE 내 아부다비와 두바이의 대립

UAE는 7개 토후국의 연방 체제다. 하지만 UAE 내부의 정치는 아부다비와 두바이가 주도한다. 아부다비와 두바이를 빼고는 모두 영향력이 미미하다. 통상적으로 석유 부국인 아부다비 국왕이 대통령을 맡고, 금융·물류·관광 등이 핵심 산업인 두바이 국왕이 부통령 겸 국무총리를 맡아 왔다. 원유와 천연가스 판매를 통해 아부다비가 재정적으로나, 정치적으로나 가장 막강했지만 국제적 위상과 인지도는 한때 두바이가 더 높았다. 다양한 개발 사업과 홍보로 '중동의 중심지'라는 이미지를 만들어 왔기 때문이다. 하지만 두바이는 무리한 개발로 2009년 경제 위기를 맞이한다. 사실상 부도 사태를 겪었다. 아부다비의 대규모 재정 지원을 통해 위기를 간신히 이겨낼 수 있었다. 이 과정에서 무함마드 빈 라시드 알막툼 Mohammed bin Rashid Al Maktoum 두바이 국왕의 UAE 내 영향력은 크게 축소됐다는 평가다.

실제로 최근 UAE가 추진한 외교·안보 정책 상당수는 두바이의 이익에 오히려 해가 될 수 있다. △예맨 내전 개입 △카타르와의 단교 △대이란 강경 대응 △터키와의 거리 두기 등은 두바이의 이해관계와 어긋난다. 아부다비와 달리 석유가 거의 나오지 않는 두바이는 안정적인 지역 정세를 바탕으로 물류, 관광, 부동산, 금융업 등에 의존하는 구조다. 반면 최근 UAE가 추진하는 정책 대부분은 지역 긴장을 고조시키는 것이다. 두바이로선 답답해할 수밖에 없는 형편이다. 사실상 두바이가 아부다비가 주도하는 정책에 거의 반대하지 못하고 있다는 분석도 나올 정도다.

무함마드 빈 라시드 알막툼 두바이 국왕의 공격적인 '두바이 브랜드 알리기'를 불편하게 여겨 온 아부다비 왕실이 두바이 견제에 나서고 있다는 주장도 나온다. 2018년 6월 사우디 제2의 도시인 지다에서 사우디-UAE 정부 최고위 관계자들의 정책 조율을 위한 조정 협의회가 열릴 때 무함마드 빈 라시드 알막툼 두바이 국왕이 참석하지 않은 것도 아부다비와 두바이의 불화 의혹을 낳았다.

카타르 단교 때 사우디와 아부다비가 강조한 이란과의 교류 축소 또한 이란 관련 물류 및 금융업이 발달한 두바이에게 타격이다. 미국 라이스대 베이커 공공 정책 연구소의 크리스천 코아테스 울리히센Kristian Coates Ulrichsen 연구 위원은 워싱턴의 아랍 전문 싱크탱크인 아랍 센터 기고를 통해 UAE와 사우디의 최근 움직임은 아부다비가 독단적으로 결정한 결과라는 생각을 하게 만든다고 지적했다.[52]

카타르의 대이스라엘 외교

UAE와 이스라엘 간 외교 관계 정상화는 UAE의 라이벌인 카타르가 향후 어떻게 이스라엘을 대할 것인지에 대한 궁금증도 키운다. 카타르는 독특하게도 이스라엘과 하마스 모두와 원만한 관계를 맺고 있다. 하마스에 대해서는 연락 사무소 개설 허용은 물론 가자 지구에 재정 지원도 하고 있다. 동시에 이스라엘 정부와도 물밑에서 다양한 접촉을 한다. 카타르는 UAE와 이스라엘 간 외교 관계 정상화 발표가 나온 뒤 팔레스타인의 권리 강화, 이스라엘 정착촌 확대 반대 같은 비판적인 메시지를 냈다. 하지만 여전히 이스라엘과도 안정적인 관계를 유지 중이다. UAE, 사우디와 결을 달리하고 있는 카타르가 이스라엘과 어떤 관계를 형성할지는 향후 중동에서 계속 관심을 모을 이슈 중 하나다.

조 바이든 시대의 개막

조 바이든 대통령 당선인은 여러 면에서 트럼프 대통령보다 훨씬 안정적인 중동 정책을 펼칠 것으로 기대된다. 바이든 당선인은 상원 의원 시절 외교 업무를 주로 담당했고, 오바마 행정부 시절 8년간 부통령을 지냈다. 중동 문제에 대한 이해도나 지식 면에서는 트럼프 대통령과는 비교하기 어려울 만큼 앞설 것이다.

단교 사태에 개입돼 있는 사우디, UAE, 바레인, 이집트(단교 주도국)도, 카타르도 미국에게는 중요한 나라다. 중동 지역에서의 영향력 유지나 에너지 확보 측면에서다. 이 나라와의 군사 협력 수준도 높다. 바이든 당선인이 정식으로 대통령에 취임하면 카타르 단교 사태를 어떻게 해결하려 할지에 대해서도 관심이 모아질 수밖에 없다.

4

미국 vs 러시아 ;
세계 최강대국이
중동에서 벌이는 경쟁

트럼프가 발 빼던 중동에서 바이든의 선택은

미국은 중동에서 가장 큰 영향력을 발휘해 온 비중동권 강대국이다. 미국은 2020년 1월 기준으로 철수 결정이 내려진 아프가니스탄과 시리아를 제외하고도 총 5만 명이 넘는 병력을 중동 지역에서 운용하고 있다. 중동 주둔 미군은 카타르, UAE, 바레인, 이라크, 쿠웨이트 등 걸프 지역 국가에 대거 주둔하고 있다. 아랍의 맹주이며 '이슬람교 성지 수호국'인 사우디아라비아에도 3000여 명의 병력이 주둔하고 있다.[53]

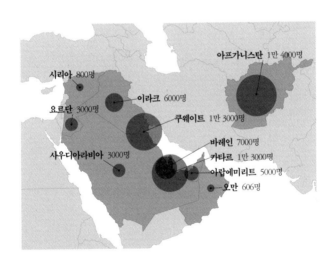

중동 내 미군 배치 현황(2020년 1월 기준) 출처:《뉴스위크》,《워싱턴포스트》

미국이 중동에서 긍정적으로든, 부정적으로든 힘을 발휘한 사례는 쉽게 찾아볼 수 있다. 1990년 8월 사담 후세인이 이끌던 이라크가 쿠웨이트를 점령해 터진 1차 걸프전에서 미국은 다국적군을 주도했고, 막강한 공군력을 바탕으로 이라크를 굴복시켰다. 2001년 10월부터는 9.11 테러를 기획한 테러 조직 알카에다의 리더였던 오사마 빈 라덴을 보호해 준 아프가니스탄을 상대로 '테러와의 전쟁'을 시작했다. 아프간 역시 미국의 압도적인 군사력에 초토화됐다. 2003년 3월에는 대량 살상 무기를 개발하고, 테러 단체를 지원한다는 이유로 후세인의 이라크를 공격한다. 결과적으로 후세인 정권은 붕괴됐고, 이라크에서는 새로운 판이 짜였다. 당시 이라크에는 대량 살상 무기가 없었다는 결론이 사실상 난 상태다. 당시 미국을 이끌던 조지 W. 부시 대통령의 일방적이고 적절하지 않은 전쟁이었다는 평가다.

최근에도 미국의 막강한 중동 내 영향력이 드러난 사건이 있다. 2020년 1월 3일 발생한 이란 혁명 수비대 쿠드스군의 거셈 솔레이마니 사령관 사살 작전이다. 당시 중동 전문가와 외교 관계자들 사이에선 미국의 중동 내 군사적 영향력이 제대로 드러난 시도였다는 평가가 나왔다. 나아가 북한을 비롯한 중동 밖의 반미 국가에게도 언제든 미국이 원하면 막강하면서도 정교한 군사력을 투입해 '손을 볼' 수 있음을 보여 주는 시도였다는 분석도 나왔다.

적어도 현 시점에서는, 중동에서 미국이 행사할 수 있는 영향력은 긴 설명이 필요 없을 만큼 막강하고 체계적이다. 이·팔 분쟁에서도 미국은 중재자 혹은 막후 영향력 행사자로서의 역할을 해왔다. 이스라엘과 아랍 국가(이집트) 간 첫 번째 평화 협정인 '캠프 데이비드 협정', 이스라엘과 팔레스타인 간 공존을 도모한 1993년의 '2국가 해법' 등도 미국이 주도했다. 2020년 9월 이뤄진 이스라엘과 UAE, 바레인 간 외교 관계 정상화 조치도 백악관에서 도널드 트럼프 대통령이 주도했다.

그러나 변화가 생겼다. 트럼프 대통령이 취임한 뒤 기회가 있을 때마다 '중동에서의 철수'를 공공연하게 주장해 왔기 때문이다. 주한 미군 주둔 비용과 관련해 기회가 있을 때마다 재정적 부담을 강조하며 '한국이 더 많이 부담해야 한다'고 말하는 것과도 유사한 움직임이다. 중동 주둔 미군으로 인해 재정적 부담, 경우에 따라선 인명 피해도 생기는 데에 피로감이 큰 것이다.

실제로 트럼프 대통령 취임 뒤 미국은 러시아가 대거 진입한 시리아에서도 사실상 철수를 결정했다. 미국 역사상 가장 오래 진행된 전쟁인 19년간의 아프간 전쟁에서도 발을 빼고 있다. 2001년 9.11 테러 뒤 아프간에서 전쟁을 치른 무장 단체 탈레반과 미국은 미군 철수와 평화 조성에 대한 합의문을 2020년 2월 29일 작성했다.[54] 여기에는 미국의 철군 의지가 아주 적나라하게 드러나 있다. 협상은 여전히 진행 중이지만, 미국이 아프간에서 사실상 완전한 철군을 추진한다는 게 핵심 내용이다. 좀 더 구체적으로는, 미국과 동맹국이 먼저 아프간에서 군대를 줄이고, 이 과정에서 탈레반은 안정적이며 우호적인 태도를 취한다는 내용이다(물론 탈레반이 약속을 어기고 적대 행위를 할 경우 합의는 흔들리고 미군은 다시 개입한다). 그동안 미국이 북한과 이란 같은 나라를 상대하며 나타낸 '선이행 후조치'와는 사뭇 다른 구조다. 그만큼 트럼프 행정부의 아프간 철군 의지가 강하다는 뜻이다.[55] 중동에서의 미군 철수는 트럼프 대통령이 유독 강력하게 추진한 게 사실이다. 특히 2020년 11월 대선을 앞두고 지지층의 표심을 자극하기 위해 이 문제에 공을 들였다.

결과적으로 2020년 미국 대선에서 트럼프 대통령은 패했다. 조 바이든 민주당 대선 후보가 대통령으로 당선됐고, 2021년 1월 20일 대통령으로 정식 취임할 것이다. 트럼프 대통령이 추진해 온 미군의 중동 철수 전략에도 변화가 있을 것으로 보인다. 하지만 트럼프 행정부는 임기를 겨우 9주 남겨 놓은 2020년 11월 19일에도 2021년 1월 중순까지 이라크와 아프간 주둔 미군을 각각 2500명 수준으로 줄이겠다고 밝혔다. 이런 결정에 대해선 국정 운영 차원(차기 행정부가 결정해야 할 일을 성급하게 결정한다는 의미)에서든, 안보 차원에서든 부적절하다는 비판이 나온다. 트럼프 행정부가 적대시해 온 이란의 영향력을 키우는 건 물론이고, 미국이 글로벌 안보 전략에서 경쟁하고 있는 러시아와 중국의 중동 내 입지를 더욱 공고히 하는 조치라는 지적도 많다.[56]

일단 전문가들은 바이든 당선인이 취임하면 트럼프 대통령이 외치던 미군 철수의 속도나 폭은 조정이 있을 것으로 예상한다. 일정 수준으로는 미군을 안정적으로 중동에 주둔시키며 러시아와 중국의 움직임을 살펴볼 가능성이 높다. 또 트럼프 대통령의 거친 발언과 예측 불가능한 모습으로 불안해하는 동맹국과의 관계와 신뢰를 회복하는 데도 공을 들일 것으로 보인다.[57]

하지만 동맹의 가치를 중요시하고 중동 안정을 위한 미군의 주둔 필요성을 인정하는 바이든 당선인도 중동에서의 '미군 철수' 혹은 '미군 축소'를 어떤 형태로든 고민할 수밖에 없다. 사실 앞으로 누가 미국 대통령이 되어도 고민해야 할 문제다. 다양한 분쟁이 터지는 중동에 대한 미국인들의 피로감이 크기 때문이다. 최근에는 셰일 가스의 대대적인 개발로 전체 에너지 소비에서 중동산 석유와 천연가스가 차지하는 비중도 크게 줄었다. 과거처럼 중동에 온 신경을 집중해야 할 필요가 줄어든 것이다. 앞으로 중동에서의 미군 운용 전략은 크든 작든 변화할 가능성이 높다.

　다만 바이든 행정부에서는 일단 트럼프 행정부 때보다는 좀 더 적극적인 중동에 대한 개입이 이뤄질 것이란 분석이다. 바이든 당선인 자체도 연방 상원 의원으로서 36년간 활동하고 외교 위원장을 역임하며 중동의 중요성을 다양한 방식으로 인식해 왔다. 또 자신이 8년간 부통령으로 활동했던 오바마 행정부의 최대 외교 성과로 꼽는 것 중 하나가 이란 핵합의다. 바이든 당선인은 대선 기간 중에도 "이란이 핵 관련 의무를 준수할 경우 이란 핵 합의에 복귀하겠다"고 밝혔다.

　바이든 당선인의 외교·안보 분야 핵심 브레인으로 꼽히는 토니 블링컨 국무부 장관 내정자는 이란 핵 합의의 주역이었으며 중동의 중요성을 강조하는 성향이다.[58] 이런 분위기는 바이든 행정부에서 역시 핵심 요직을 맡을 가능성이 높은 수전 라이스Susan Rice 전 국무 장관, 제이크 설리번Jake Sullivan 백악관 국가 안보 보좌관 내정자 같은 인사들에게서도 감지된다. 바이든 당선인의 성향과 주변 인물들의 정황상 중동에 대한 관심과 개입은 일단 트럼프 대통령 시절보다는 늘어날 것으로 보인다.[59]

　특히 바이든 당선인이 대통령으로 취임하는 2021년은 아랍권의 민주화 운동인 아랍의 봄이 본격적으로 확산되며 튀니지, 리비아, 이집트, 예멘, 시리아 등의 독재 정권을 무너뜨리거나 크게 흔들기 시작한 때(2011년)로부터 딱 10년이 되는 해다. 끝이 안 보이는 내전이 벌어지는 리비아와 예멘, 그리고 정부군이 반군을 사실상 진압했지만 여전히 크고 작은 혼란과 갈등이 벌어지는 시리아에서 미국이 어떤 스탠스를 취할지는 지켜봐야 한다. 아랍의 봄 뒤 유일하게 민주적 선거가 (불안하게나마) 치러지고 있는 튀니지와 다시 군부 출신 독재자가 집권한 이집트에 대해서도 마찬가지다.

바이든 당선인이 대선 캠페인 내내 강조했던 이슈 중 하나인 '미국의 가치 회복'이 현재의 중동 정세에 적용된다면 아랍의 봄 뒤 혼란을 겪고 있는 나라들에 대한 조치는 어떤 형태로든 이뤄질 것이란 분석이다. 인남식 국립외교원 교수는 바이든 당선인이 정식으로 대통령 임기를 시작하면 일단 미군을 일정 수준으로 유지하면서 외교와 개발(재정 지원 등)을 통해 정치와 사회의 민주화 수준을 높이려는 노력을 할 것이라고 내다봤다.

새로운 중동의 중재자, 러시아

중동에서 발을 빼려는 움직임을 보이는 미국과 달리, 냉전 시대의 라이벌 러시아는 중동에 발을 계속 담그려 하고 있다. 2019년 10월 터키군은 시리아 북동부의 쿠르드족[60]을 공격한다. 전운이 감돌던 이곳에서 해결사는 '중동의 경찰' 혹은 '세계의 경찰' 미국이 아니었다. 오히려 미국은 터키군의 공격 계획을 알면서도 철군을 강행해 문제를 키웠다. 미국은 터키군의 공격이 지속되면서 인명 피해 우려가 높아지고, IS와의 전쟁 때 동맹이던 쿠르드족을 버린다는 비판이 커지자 형식적인 수준의 대터키 경제 제재를 마련했다. 말 그대로 보여 주기식 대응이었다.[61] 이 사건에는 시리아, 이라크, 레바논 등 시아파 인구 비율이 높고 정세가 불안정한 '시아 벨트' 지역에서 정치·안보 영향력을 발휘해 온 시아파 종주국 이란도 해결사 혹은 중재자 역할을 하지 못했다.

중재자는 러시아, 그리고 러시아를 이끌며 이른바 '현대판 차르(러시아 황제)'로 불리는 블라디미르 푸틴 대통령이었다. 2019년 10월 22일 푸틴 대통령과 에르도안 터키 대통령의 소치 정상 회담에서 해결책이 마련됐기 때문이다. 이 과정에서 러시아는 터키와 시리아 북동부의 쿠르드족 거점 지역에서 쿠르드족 민병대를 철수시키기로 합의했다. 그리고 터키군과의 공동 순찰을 결정했다. 더 이상의 충돌을 막으면서 자신들의 영향력은 확실히 보여 주는 조치였다. 장지향 아산정책연구원 중동 센터장은 이것이 중동에서 러시아가 얼마나 중요한 역할을 할 수 있는지 잘 보여 주는 사례라고 짚었다. 앞으로 얼마나 더 큰 영향력을 행사하게 될지 주목해야 한다는 것이다.

중동에서 구축되고 있는 러시아의 영향력, '러시아 벨트'는 시리아를 중심으로 이미 터키, 이스라엘로 확대된 상태다. 최근에는 사우디아라비아, UAE, 리비아로도 확장되고 있다. 특히 시리아는 러시아의 중동 영향력 확장의 교두보나 다름없다. 냉전 시대부터 가까웠던 두 나라는 아랍의 봄 확산을 계기로 더욱 특별해졌다. 시리아가 내전에 빠져들면서 사실상 전적으로 러시아에 의존하는 모습을 보였기 때문이다. 구체적으로, 아버지 하페즈 알아사드Hafez Al-Assad에 이어 시리아를 통치하고 있는 바샤르 알아사드 대통령은 아랍의 봄을 계기로 대규모 반군과 IS의 팽창으로 심각한 위기를 맞았다.

결국 2015년 알아사드 대통령은 러시아에 도움을 요청한다. 이를 바탕으로 러시아군은 '합법적으로' 시리아에 진출했다. 러시아가 시리아에서 군사 활동을 펼치는 터키, 미국, 이란을 향해 "초청받지 않은 외국군은 시리아에서 떠나야 한다"고 주장할 수 있는 이유다. 러시아가 이렇게 시리아 내전에 개입하면서 세계적인 강대국 중 미국만 중동에서 존재감과 영향력을 과시하는 시대는 끝났다는 분석이 나온다.[62] 러시아는 미국에게도 노골적으로 "우리는 초청받았지만, 미국은 그렇지 않다"고 강조한다.[63]

러시아군은 시리아 정부군을 돕는 과정에서 압도적인

중동에서 확장되고 있는 러시아의 영향력

이스라엘
시리아 내 반(反)이스라엘 민병대나 군사 시설 공습 협의 및 조정

리비아
최근 동부 부대, 미사일, 전투기 등을 투입하며 실질적인 내전 중재자 역할 시작

사우디아라비아
다양한 경제·안보 협력 논의하며 영향력 확대 시도

아랍에미리트
다양한 경제·안보 협력 논의하며 영향력 확대 시도

터키
러시아판 사드(THAAD) 고고도 미사일 방어 체계로도 불리는 S-400 미사일 방어 시스템 판매 및 구축

시리아
바사드 알아사드 정권을 지원하며 반군과 이슬람 국가(IS) 공격. 북동부 쿠르드족 거점 지역에서 쿠르드족 민병대를 철수시키고, 터키와 쿵즈드족 진행하기로 합의

공군력을 앞세웠다. 이를 토대로 반군과 IS를 공격한다. 첨단 전투기를 대거 동원한 '융단 폭격'을 감행해 단기간에 반군과 IS의 역량을 약화시켰다. 수많은 시리아 출신들은 러시아군은 반군과 IS 장악 지역을 공격할 때 민간인과 군인을 구분하지 않았다고 지적한다. 보이는 건 무조건 폭격하는 식의 무차별 폭격을 가했다는 것이다.[64]

알아사드 정권은 심지어 2017년과 2018년 수차례 화학 무기를 이용해 반군 장악 지역을 공격하기도 했다. 그리고 이런 상상하기 힘든 만행을 저지를 수 있었던 이유도 '러시아의 보호'였다. 러시아를 우군으로 둔 상태에선 아무리 잔혹한 방식으로 반군에 대응해도 국제 사회가 별다른 조치를 취하지 못할 것이라고 판단한 것이었다. 실제로 러시아는 알아사드 정권의 비인권적 대응이 국제 사회의 지탄을 받을 때 전혀 개의치 않았다. 국제 사회는 알아사드 정권의 이 같은 행태에 실질적인 조치를 취하지 못했다.

러시아는 시리아뿐 아니라 다른 중동 국가에서도 영향력을 키우고 있다. 미국의 동맹이며 정치·사회적으로 안정돼 있는 터키와 이스라엘에서도 최근 영향력이 두드러진다. 트럼프 대통령이 추진 중인 대대적인 미군의 중동 철수 또는 중동 비중 줄이기 상황에서 큰 시사점을 지니는 현상이다.

터키의 경우 옛 소련을 견제하고자 미국이 주도한 북대

서양 조약 기구(NATO·나토)의 핵심 회원국이다. 하지만 에르도안 대통령은 미국의 경제 제재 경고와 스텔스기인 F-35 개발 프로젝트 참여 제외 조치 속에서도 '러시아판 사드(THAAD ·고고도 미사일 방어 체계)'로 불리는 S-400 미사일 방어 시스템 도입을 결정했다. 러시아를 여전히 잠재적 적대국으로 여기는 나토 회원국으로서는 상상하기 힘든 결정이다. 러시아군과 시리아 북동부를 공동 순찰하는 것은 러시아군이 나토 지역에 진입하는 것을 터키가 허용한 것이나 다름없다는 지적도 나온다.

터키의 반미, 반나토 행보에는 에르도안 대통령의 최대 정적政敵이자 이슬람 지도자인 펫훌라흐 귈렌Fethullah Gülen이 있다는 분석이 많다. 귈렌은 1999년부터 20년째 미국에 망명 중이다. 에르도안 대통령은 2016년 7월 발생한 군사 쿠데타의 배후로 귈렌을 지목했다. 이후 터키는 미국에 귈렌의 송환을 요구했지만 거절당했다.

이스라엘은 '주적' 이란의 시리아 내 군사 시설을 공습할 때 러시아와 사전 협의를 거친다는 게 정설로 여겨진다. 내전 중인 시리아는 첨단 기술과 장비가 필요한 대공對空 시스템을 사실상 러시아에 의존하고 있다. 한 중동 외교 소식통은 러시아의 묵인 혹은 허가 없이는 이스라엘 공군이 지금처럼 자유롭게 시리아에 진입해 이란군을 공습하는 게 불가능하다고 지적했다. 적어도 시리아 정책에 있어서는 이스라엘이 미국보다 러시아를 훨씬 더 중요시한다는 주장도 힘을 얻고 있다.[65]

베냐민 네타냐후 이스라엘 총리의 러시아 외교도 활발하다. 그는 푸틴 대통령과 개인적으로도 가까운 사이고 교류도 활발하다. 네타냐후 총리는 2015년 이후 러시아를 10번이나 방문했다. 단일 국가로 가장 많이 방문한 나라가 러시아다. 미국 방문(8번)보다도 많다.

1980년대 후반 동구권과 옛 소련이 무너지기 시작하면서 이 지역 유대인이 대거 이스라엘로 이주한 인적 네트워크와 언어 및 문화의 친밀함은 현재 이스라엘이 대러시아 외교를 펼치는 데 있어 핵심 자산으로 여겨진다. 오바마 행정부 때부터 미국의 중동 개입이 급격히 약해지면서 이스라엘의 안보 불안감이 커졌다는 분석도 많다. 이 과정에서 오바마 행정부가 (이스라엘에 적대적인) 이란과 핵 합의까지 체결하자 이스라엘로서는 새로운 안보 파트너를 찾을 필요성이 더욱 커졌다는 것이다.

러시아를 환영하는 미국 동맹국

2019년 10월 푸틴 대통령이 역시 미국의 동맹국인 사우디와 UAE를 12년 만에 방문해 큰 환대를 받은 가장 큰 이유로 미국의 탈중동 정책에 대한 불안감이 꼽힌다. IS와의 전쟁 때 동맹이던 쿠르드족을 하루아침에 버린 트럼프 행정부의 전략 역시 불안감과 의구심을 키웠다.

최근 러시아는 시리아 못지않게 심각한 내전을 겪어 온 리비아에 많은 관심을 보이고 있다. 러시아는 저격수가 대거 포함된 용병 부대와 전투기·미사일 등 첨단 무기를 리비아에 투입하며 다시 한번 영향력 행사에 나서고 있다. 북아프리카의 중심부에 위치한 리비아는 지중해와 아프리카를 잇는 길목이다. 원유와 천연가스 매장량도 막대하다. 러시아처럼 영향력을 확대하려는 강대국에게는 지정학적, 경제적으로 눈독들일 만한 조건을 갖추고 있는 것이다. 또 시리아에 이어 리비아에서도 해결사 역할을 할 경우 러시아는 '중동의 경찰', 나아가 '중동에서 미국을 대체하는 강대국'으로서의 위상을 확립할 수 있다.

이미 러시아는 리비아 내에 사실상 영구적인 대규모 군사 기지를 설치하고, 전투기와 미사일을 대거 배치하는 것을 목표로 삼고 있다. 이를 통해 중동과 아프리카는 물론이고 남유럽 국가들도 매우 효과적으로 압박하고 견제할 수 있다는 계산이다. 미국도 러시아가 시리아에서처럼 리비아에 군사 기지를 만들고, 장거리 미사일을 배치하면 나토와 서방 국가에 큰 위협이 될 것으로 보고 있다. 미군 아프리카 사령부에서 정보 분야를 담당하는 그레고리 해드필드Gregory Hadfield 준장은 러시아가 리비아에 영구적 기반을 마련하고, 장거리 미사일까지 배치한다면 유럽, 나토, 그리고 많은 서방 국가들에게 판도를 바꾸는 사건game changer이 될 수 있다고 언급했다.[66]

리비아는 2011년 아랍의 봄 속에서 독재자 무아마르 카다피Muammar Quaddafi가 축출된 뒤 지금까지 내전 상태다. 유엔이 인정한 중앙 정부(리비아 통합 정부·GNA)와 동부 지역을 중심으로 활동 중인 군벌(리비아 국민군·LNA) 간 극심한 내전이 벌어지고 있다. 중동에서 패권 혹은 영향력 확대 경쟁을 펼치는 주요 국가들은 리비아에 대거 개입하고 있다.

중동의 맹주인 터키는 카타르 등과 함께 GNA를, 사우디와 UAE, 이집트 등은 LNA를 지원하며 경쟁 중이다. 미국과 러시아 간 경쟁도 만만치 않다. 미국은 공식적으로는 GNA를 지지하지만 물밑에서는 리비아의 유전 지대를 장악하고 있는 LNA와의 관계 맺기에도 적극적이다. 반면 러시아는 공식적으로는 LNA를 지원하며, 물밑에서는 GNA와도 관계를 맺고 있다.

GNA는 이슬람 원리주의를, LNA는 세속주의를 지향한다. 무슬림 형제단에 호의적인 터키와 카타르가 GNA를, 이들에 적대적인 사우디, UAE, 이집트 등이 LNA를 지원하는 것을 '리비아 사태'에서도 엿볼 수 있는 것이다. 앞에서 설명한 카타르 단교 사태의 원인 중 하나인 무슬림 형제단에 대한 사우디, UAE, 이집트와 카타르의 다른 인식을 다시 한번 확인할 수 있는 사건이 리비아 내전이다.

　　미국과 러시아는 2020년 5월 러시아가 LNA를 지원하기 위해 미그-19와 수호이-24 전투기 14대를 지원하면서 리비아에서 충돌했다. 러시아는 이전부터 지상전을 치르는 용병 부대를 파견해 LNA를 돕고 있었는데, 전력 강화를 위해 최첨단 전투기까지 파견한 것이었다. 당시 미군 아프리카 사령부의 스티븐 타운젠드Stephen Townsend 사령관은 이메드 하즈기Imed Hazgui 튀니지 국방 장관과 통화하며 "러시아가 리비아 분쟁의 불씨를 계속 부채질해 북아프리카 안보에 대한 우려가 커지고 있다. 미국은 튀니지와 상호 안보 문제를 해결하는 방안을 모색 중이다. 안보군 보조 여단Security Force Assistance Brigades을 활용하는 것도 고려 사항에 포함된다"고 밝혔다.[67] 안보군 보조 여단은 소규모 훈련 및 지원 부대로 전투가 주 임무는 아니다. 하지만 이 부대가 리비아에 파견되면 러시아에는 적잖은 부담이 될 수 있다는 분석이 나온다. 미국은 트럼프 행정부 출범 뒤 탈중동 정책을 펼쳐 왔음에도 북아프리카의 대표 산유국이자 지중해와 유럽의 길목에 위치한 리비아의 지정학적 가치를 무시할 수 없어 지상군 파병 카드를 저울질하고 있는 것이다.

　　리비아에서의 영향력 확장에서 볼 수 있는 러시아의 활

발한 개입과 해결사 이미지 때문에 이미 중동에선 러시아와 손잡지 않으면 손해라는 인식이 확산하고 있다.[68] 중동 국가들은 대부분 민주주의나 인권을 상대적으로 덜 중시한다. 많은 중동 국가에서 러시아가 미국보다 매력적인 '협력 파트너'로 여겨질 수 있는 이유다. 형식적으로라도 민주화와 인권을 강조하고, 이와 관련해 '레드 라인'을 넘어선 정권에는 제재를 가하는 미국과 달리, 상호 이익만 일치한다면 러시아는 비인권적 행태도 얼마든지 눈감아 줄 수 있다는 판단에서다.

이미 중동 국가들은 알아사드 정권이 자국민을 상대로 화학 무기를 사용해도 개의치 않는 러시아의 모습을 생생히 지켜봤다. 이런 러시아가 중동의 '스트롱맨'들에게는 매력적으로 보였을 가능성이 높다. 앞으로도 '현대판 차르(푸틴 대통령)'에 도움을 요청하고, 나아가 줄을 서는 중동 국가가 많아질 수 있음을 시사하는 대목이기도 하다. 푸틴 대통령이 차르를 넘어서 '현대판 술탄(이슬람 군주)'이란 별명도 얻게 되는 상상을 하는 건 너무 앞서 나간 생각일까.

5

터키와 중국 ;
본격적인 라이벌전의 출발점

터키 ; 다시 꾸는 오스만 튀르크의 꿈

1차 세계 대전 전까지 중동의 지배자는 오스만 튀르크(지금의 터키)였다. 북아프리카와 아라비아반도의 많은 부분이 오스만 튀르크의 영토였다.[69] 하지만 오스만 튀르크는 1차 세계 대전을 겪으며 붕괴됐고, 영토도 크게 줄어들었다. 국제 사회에서의 영향력도 크게 떨어졌다.

하지만 여전히 터키는 중동의 강자다. 또 지역 패권을 여러 면에서 추구하고 있다. 사우디, 이란과 함께 중동에서 가장 적극적으로 팽창하려는 성향을 지닌 나라다. 특히 에르도안 대통령이 집권한 이래 이러한 움직임에는 더욱 속도가 나고 있다. 도널드 트럼프 미국 대통령, 블라디미르 푸틴 러시아 대통령, 베냐민 네타냐후 이스라엘 총리 등과 함께 대표적인 스트롱맨으로 꼽히는 에르도안 대통령은 세속주의를 추구해온 터키에서 상당히 종교적 성향이 강한 정치인으로 꼽힌다. 에르도안 대통령이 지니고 있는 보수적인 성향과 이슬람에 대한 독실함은 향후 중동에서 지속적으로 터키의 영향력을 확대하려는 시도에 불을 붙일 수 있다. 중동의 다양한 지역에서 터키가 행사하고 있는 영향력을 살펴보자.

리비아
최근 중동에서 터키의 영향력 확대 움직임이 가장 두드러지게 나타나고 있는 곳은 리비아다. 리비아는 2011년 독재자 무아마르 카다피가 사망한 뒤 사실상 중앙 정부가 없는 것과 마찬가지인 상황이다. 물론 GNA가 유엔의 인정을 받고 있고, 수도 트리폴리와 서부 지역을 장악하고 있다. 그러나 리비아의 '돈줄'이라고 할 수 있는 동부 유전 지대를 장악한 군벌 LNA의 영향력은 통합 정부를 압도하는 수준이다. 국토의 80퍼센트 정도를 장악했고 수년간 내전을 벌이고 있다. 터키는 GNA를 지원한다. 에르도안 대통령은 '이슬람 원리주의'를 추구하며 무슬림 형제단 같은 이슬람주의 세력과 연대하는 GNA를 위해 지상군, 전투기, 소형 구축함 등을 파견하고 있다. 사우디, 이집트, UAE 등의 지원을 받는 LNA에 한때 크게 밀렸던 GNA가 다시 반격할 수 있었던 가장 큰 이유로 터키의 지원을 꼽는 이들도 많다.

터키는 2019년 11월에는 GNA와 군사 안보 협정을 체결해 현지에서 천연가스 탐사와 시추 작업을 할 수 있게 됐다. 중동에서 영향력을 확대하려는 터키에게 지중해와 아프리카, 나아가 아라비아반도로 뻗어 나가기에 적절한 위치에 있는 리비아는 지정학적 가치 측면에서도 매력적이다. 리비아에 군사 기지를 만들고 군대를 보내는 식의 전략을 터키가 이미 구사하고 있는 것이다. 중동 외교가 관계자에 따르면, 오스만 튀르크는 붕괴되기 전 지금의 리비아 일대를 핵심적인 전략적 요충지로 봤다. 이 지역은 오스만 튀르크가 붕괴될 때도 가장 마지막까지 포기하지 않으려 했던 지역 중 하나다. 에르도안 시대에 리비아에 대한 터키의 개입은 계속 커질 것이고 특히 군사적인 영향력 유지를 위해 계속 공을 들일 것이라는 전망이다.

터키의 리비아에 대한 영향력 행사에 가장 긴장하는 나라는 이집트다. 리비아와 약 1135킬로미터의 긴 국경을 맞대고 있는 이집트는 과거 자신들을 지배했고 사우디 진영(이집트, UAE, 바레인 등)에 적대적인 터키가 바로 옆으로 진출하는 게 거북할 수밖에 없다. 일단 이집트는 리비아 내 터키의 움직임을 막기 위해 자국 국경에서 약 800킬로미터 떨어진 거점 도시 시르테Sirte가 GNA에 넘어가는 건 반드시 막겠다는 방침이다. LNA는 시르테를 거점으로 원유를 수출하고 있는 만큼 이 지역은 전략적 요충지다. 이미 이집트 정부는 필요시 군대를 리비아에 파견할 수 있도록 의회 승인도 받아 놓았다.[70]

시리아

터키는 2019년 10월 시리아 북부의 쿠르드족을 무력 침공했다.[71] 앞서 언급했듯 트럼프 미국 대통령이 시리아에 주둔하던 미군을 철수시키라고 명령한 뒤 발생한 사건이다. 국제 사회의 지적과 반발이 있었지만, 터키는 아랑곳하지 않고 침공을 계속했다. 에르도안 대통령은 "다른 나라가 우리의 군사 작전을 비판하면 360만 명에 달하는 터키 내 시리아 난민을 유럽으로 보내겠다"는 협박까지 했다. 당시 트럼프 대통령은 "쿠르드족에 피해가 생기면 터키 경제를 쓸어버릴 것"이라고 목소리를 높였지만, 시리아 주둔 미군의 철수 중단 등 실질적 조치는 내놓지 않았다.

결국 터키는 10월 22일까지 시리아 북부에 대한 공습과 장악을 지속한 뒤 러시아가 주도한 합의를 따르기로 했다. 2015년부터 시리아 내전에 개입해 바샤르 알아사드 시리아 대통령에 대한 영향력이 막대한 러시아와 협의를 진행한 것이다. 그리고 시리아 북부 국경의 길이 444킬로미터, 폭 30킬로미터 지역을 '안전지대(완충 지대)'로 만들기로 했다. 터키 안팎에선 사실상 침공을 통한 영토 확장이라는 평가가 나왔다.

터키는 당시 합의 외에도 시리아를 중심으로 한창 중동으로의 팽창을 도모하는 러시아와의 우호적인 행보를 계속 이어가고 있다. 에르도안 시대에 터키가 보인 중요한 변화는 '반미·친러' 행보다. 과거 오스만 튀르크와 제정 러시아는 흑해와 발칸반도 등에서 대립했다. 제2차 세계 대전 이후 터키는 미국이 주도한 나토의 회원국으로서 옛 소련의 팽창을 견제했다. 에르도안 시대 터키가 친러 행보를 보이는 이유로는 에르도안 대통령의 정적 귈렌이 지목된다. 미국이 귈렌의 터키 송환을 거부한 이후부터 본격적으로 미국과 거리 두기를 하고 있다는 평가다.

카타르

터키의 영향력 확대 움직임은 중동 곳곳에서 나타나고 있다. 2017년 6월 사우디, UAE, 바레인, 이집트 등이 주도한 카타르 단교 사태에도 개입했다. 단교 주도국들이 카타르와의 외교 관계와 교역을 중단하고 영해, 영공을 폐쇄하면서 군사적 충돌 가능성까지 제기됐던 당시 터키는 카타르 편에 섰다. 평소 우호적이었던 카타르의 요청을 받아들여 군대를 파병한 것이다. 카타르 안팎에서는 현재 카타르에 주둔 중인 터키 군대 규모를 수백 명대 수준으로 본다. 하지만 왕실 경호 같은 핵심 군사 관련 업무에도 관여한다는 소문이 많다. 터키의 카타르 파병은 오스만 튀르크가 붕괴된 뒤 사실상 처음으로 터키군이 공식적으로 아라비아반도에 발을 내디딘 사례다. 카타르의 터키 지원도 상당하다. 터키가 2018~2019년 경제 위기를 겪을 때 카타르 정부에서 터키에 대규모 재정 지원을 할 수 있다고 밝힌 배경에도 이런 특수 관계가 있다. 또 카타르 단교 사태에서 향후 가장 큰 변화를 가져올 가능성이 있고, 사우디를 가장 자극하는 조치가 터키군의 카타르 파병이었다는 평가도 나온다.

한 중동 전문가는 카타르에 있는 터키군 시설이 최대 5000명을 수용할 수 있고, 향후 3000명까지도 파병될 것이란 전망도 있다고 말했다. 이 외에도 터키는 동아프리카의 전략적 요충지 중 하나로 꼽히는 소말리아에도 군 시설을 건설했다. 일부 자국 군인들이 주둔하며 소말리아 군대를 훈련시키는 용도의 기지다.

사우디아라비아

카타르와 친밀한 관계를 유지 중인 터키는 지역의 또 다른 대국인 사우디와의 관계가 최근 매우 안 좋다. 정식 외교 관계를 맺고 있고 경제적으로는 교류가 계속되고 있지만, 정치적으로는 갈등의 골이 매우 깊다. 특히 터키는 2018년 10월 사우디의 반정부 언론인 자말 카슈끄지 살해 사건을 놓고 사우디를 강하게 압박한 바 있다. 터키는 자국 내 사우디 총영사관에서 카슈끄지가 참혹하게 살해되자 이를 대대적으로 언론에 흘리고 수사를 하며 사우디를 압박한 바 있다.

사우디에서도 터키에 대한 반발 혹은 압박 조치에 나름 적극적이다. 실제로 최근 사우디에선 '술탄' 등 터키 색채가 나는 길 이름을 아랍식으로 바꾸고, 역사 교과서에 오스만 튀르크 제국 시절의 상황을 점령으로 표현하는 등의 움직임이 나타난다.[72]

이란

터키와 이란은 경쟁 관계이고 서로를 의식하지만 아직 심각하게 충돌하지는 않고 않다. 다만 두 나라가 모두 중요하게 생각하는 시리아에서 이란은 알아사드 정권을 지원하고 터키는 알아사드 정권에 부정적이다.

향후 터키의 지역 영향력 확장 전략이 적나라하게 나타날 곳으로는 키프로스와 아제르바이잔이 꼽힌다. 두 나라는 정확히 말하면 중동과 매우 가깝지만 중동으로 분류되는 지역은 아니다. 통상 키프로스는 남유럽, 아제르바이잔은 동유럽(혹은 구소련 지역)으로 분류된다.

키프로스

동부 지중해의 섬나라인 키프로스의 인근 바다에서는 천연가스가 계속 탐사되고 있다. 터키는 이 지역에 지속적으로 천연가스 탐사선을 보내며 탐사 및 시추 작업을 진행 중이다. 터키는 터키계가 많이 사는 북키프로스(정식 명칭은 북키프로스 터키공화국·터키만 국가로 인정)를 사실상 자신들의 영토로 생각한다. 당연히 키프로스(보통 키프로스라고 하면 주로 그리스계가 살며 유엔 등 국제 사회가 정식 국가로 인정하는 남키프로스를 의미한다)와 그리스, 나아가 유럽 전체와 갈등이 빚어질 수밖에 없다.

2020년 8월에는 터키가 키프로스 일대 지중해에서 해군 훈련을 하자 곧바로 그리스, 키프로스, 프랑스, 이탈리아가 연합해서 이에 대응하는 훈련을 진행했다. 당분간 유럽에서도 지중해에서 터키가 영향력을 행사하는 것에 대한 불만과 반감이 확대될 것임을 보여 주는 대목이다.[73]

터키는 계속해서 지중해에서 영향력을 키운다는 방침 하에 해군력을 강화하는 데 공을 들이고 있다. 항공 모함을 만드는 것을 추진 중이며, 무기 수입 의존도를 줄이기 위해 자국 내 방산업계를 육성하는 데 관심이 많다. 방산 분야에서 한국과 협력하는 데에도 관심이 많다.[74]

아제르바이잔

아제르바이잔(국민 다수가 터키계이며 무슬림)은 2020년 9월부터 11월까지 아르메니아(국민 다수가 정교회)와 나고르노카라바흐Nagorno-Karabakh 지역을 놓고 벌인 전쟁에서 터키의 도움을 바탕으로 사실상 승리했다. 터키가 지원해 준 드론과 전투기 등에 힘입어 아르메니아 군대를 격퇴했기 때문이다. 2020년 11월 10일 러시아의 중재로 무력 충돌은 일단락됐지만 아제르바이잔은 나고르노카라바흐 내 전략적 요충지를 대거 확보했다. 터키군 주둔도 검토하고 있다고 알려져 있다.[75] 유럽 국가들, 나아가 중앙아시아 국가들은 터키의 아제르바이잔 사태에 대한 개입과 지속적인 영향력 행사를 과거 오스만 튀르크 시절과 비슷한 움직임으로 해석한다. 지금 터키에서 나타나는 모습이 동유럽과 중앙아시아에도 영토를 보유했고, 영향력을 행사했던 오스만 튀르크를 연상시킨다는 것이다.

중국 ; 경제를 앞세운 중동 진출

중국은 미국이나 러시아와 달리 중동에서는 아직 눈에 띄게 영향력을 행사하고 있지는 않다. 막대한 자금력을 바탕으로 중동 국가들과 협력을 추진하고 있지만 경쟁 국가라고 할 수 있는 미국, 러시아처럼 군대를 주둔시키지는 않는다. 중동에서 벌어지는 갈등에 직접 개입했다거나, 중재한 적도 딱히 없다. 그러나 중국은 중동 내에서 영향력을 키우기 위해 슬슬 시동을 걸고 있다.

중국의 첫 번째 해외 군사 기지는 동아프리카의 작은 나라 지부티와 파키스탄의 과다르Gwadar항에 위치한다.[76] 중동에 대한 남다른 관심을 엿볼 수 있는 행보다. 중국의 영향력이 큰 동남아시아권보다 두 나라에 먼저 생겼다는 점, 두 나라 모두 중동으로 이어지는 길목에 위치하고 있다는 점에서다.

게다가 중국은 세계 최대 원유 수송 해역인 호르무즈해협에서 가까운 인도양 북부와 오만해에서 2019년 12월 러시아, 이란과 합동 훈련에 나섰다. 세 나라가 합동 해상 군사 훈련을 펼치는 건 처음이었다. 이들 국가는 공교롭게도 국제 사회에서 대표적인 반미 성향 국가인 데다 영향력도 큰 나라들이라 훈련은 더욱 큰 관심을 끌었다.[77] 중동 외교가 관계자는 "중국, 러시아, 이란 모두 군사 강국이긴 하지만 미국의 상대는 안 된다. 특히 해군력에 있어서는 미국과 비교 불가다. 하지만 세 나라가 공동 훈련을 한다는 점과 중동에서 군사적 영향력이 미미한 중국이 참여한다는 게 눈길을 끌 만했다"고 짚었다.

특히 당시 이란은 훈련을 통해 중국과 러시아와의 협력을 확대하겠다고 강조하기도 했다. 이란 해군 고위 관계자는 "중국, 러시아 해군과 협력이 확대되고 있다. 잠수함과 구축함 생산도 여기 포함된다"고 말하기도 했다. 나아가 파키스탄처럼 친중, 반미 성향인 나라도 훈련에 참여할 수 있다는 전망이 나왔다.

중국은 이미 파키스탄과는 별도로 합동 해군 훈련을 진행해 오고 있다. 파키스탄을 거점으로 아라비아해, 즉 중동으로 진출하는 안이 매력적이라고 판단하는 것이다. 나아가 중국은 히말라야 지역 등에서 영토 분쟁을 겪으며 갈등 중인 인도를 견제하는 데도 파키스탄과의 밀접한 관계와 군사 협력이 도움이 된다고 보고 있다.[78]

트럼프 행정부가 강경한 대이란 제재를 하고 있는 상황

에서 중국은 2020년 7월 이란과의 협력 방안을 공개했다. 중국은 향후 25년간 이란의 통신, 항만, 철도 등의 분야에 4000억 달러를 투자하고, 대신 이란산 원유를 대폭 낮은 가격에 공급받는다. 일각에선 중국이 이란에 진출하면서 안보 분야에서도 협력을 강화하고 궁극적으로는 중국 군대가 이란에 주둔하려는 것 아니냐는 전망도 나온다. 이 경우 바레인, 카타르, UAE 등에 배치돼 있는 미군과 중국군이 코를 맞대고 대치하게 된다. 중동 국가의 한 외교 소식통은 중국과 이란 협력을 걸프 지역, 나아가 중동권 전체에 게임 체인저가 될 수 있는 조치라고 평가했다.

중국의 직접적인 군사 진출은 아니지만 미국으로서는 신경이 쓰이는 움직임도 있다. 2015년 3월 중국 상하이 국제항만 그룹이 이스라엘의 하이파Haifa항 개발권을 취득한 것이다. 25년간 중국 국영 기업에게 항구 운영권을 넘긴 것인데, 이로 인해 이스라엘과 미국이 대립하기도 했다. 중국은 이스라엘 내 또 다른 항구인 아슈도드Ashdod항 개발에서도 이스라엘과 손잡고 있다. 미국으로서는 국가 주요 인프라인 항구, 특히 군사적으로도 활용할 수 있는 항구의 운영권이 중국 기업으로 넘어간다는 것을 석연치 않아 했다.[79]

현재 중동에서 중국의 영향력은 안보보다 경제적인 측면에서 더욱 잘 드러난다. 이집트는 수도 카이로에서 동쪽으로 약 45킬로미터 떨어진 사막 지대에 신행정수도(New Administrative Capital·NAC)를 건설하고 있다. 2022년까지 대통령궁, 정부 부처, 국회, 외교 공관 등 주요 시설의 이전을 목표로 700제곱킬로미터 규모의 도시를 만드는 것이다. 그러나 이집트의 경제 사정은 어렵다. 원유나 천연가스 생산이 적고, 아랍의 봄 당시 정세가 급격히 불안해지며 관광 산업이 크게 위축됐기 때문이다. 이집트는 현재 국제통화기금IMF의 구제 금융을 받고 있는 상태다. 그러다 보니 이집트는 신행정수도 건설에서 중국의 자금력에 의존해야 했다. 이런 배경 때문에 건설 과정에서부터 중국 기업들의 참여가 두드러지기도 했다. 상업 지구에는 385미터 높이의 초고층 건물을 포함한 18개의 대형 건물이 들어설 예정인데 공사 대부분은 중국 국영 기업인 중국 건축 공정 총공사CSCEC가 담당한다. 중국 관영 신화통신은 아예 신행정수도 관련 공사를 "이집트를 대상으로 한 중국의 일대일로一帶一路 프로젝트"라고 설명하기도 했다.[80]

이집트처럼 경제 사정이 안 좋은 나라뿐 아니라 산유국에서도 중국의 힘은 발휘되고 있다. 대표적인 나라가 쿠웨이트다. 이라크와 국경을 맞대고 있는 북부의 '실크 시티' 개발 프로젝트에 중국 기업들이 대거 참여하기로 했다. 중국과 쿠웨이트는 100억 달러 규모의 '쿠웨이트-중국 실크로드 펀드Kuwait-China Silk Road Fund'라는 개발 펀드를 조성한 뒤 개발에 나서려고 한다.[81] 쿠웨이트 국부 펀드는 중동 국부 펀드 중 최초로 중국에 해외 사무소도 설치했다.[82]

쿠웨이트는 사우디, 이라크와 국경을 맞대고 있다. 또 페르시아만으로도 이어진다. 중국으로서는 지정학적으로도, 경제에서 나아가 군사 협력을 하기도 좋은 위치다. 특히 쿠웨이트는 중동에서 상대적으로 중립 국가의 스탠스를 취할 때가 많다. 1990년 걸프전 때는 이라크에 침공을 당한 경험이 있어서 중국 같은 강대국과의 협력에 더 적극적일 수 있다는 평가도 나온다.

특별한 이변이 없는 한 중국의 영향력 확대 움직임은 계속될 것이다. 중동뿐 아니라 전 세계적으로도 그럴 것이다. 이 과정에서 중국은 미국과 러시아와 때로는 협력, 때로는 충돌할 가능성이 높다. 또 중동에서 전쟁, 사회 변화, 천재지변, 경제 위기 등이 발생할 때 중국은 어떤 형태로든 목소리를 낼 것이다. 중국이 얼마나 중동에 영향을 줄지, 특히 상대적으로 미국과 러시아에 비해 아직 존재감이 미미한 안보 분야에서는 얼마나 중동에 개입할 준비를 할지 주목할 필요가 있다.

에필로그

중동을 이해하는
두 번째 키워드

'주요 국가 간 라이벌전 외에도 중동을 이해하는 좋은 방법 혹은 키워드가 있을까?' 이 책을 마무리하는 과정에서 끊임 없이 떠올랐던 생각이다. 그리고 '개혁·개방'이라는 단어가 떠올랐다. 현재 대부분의 중동 주요국에서는 과거에는 상상 할 수도 없었던 일들이 벌어지고 있다. 사우디에서 방탄소년 단BTS의 콘서트가 열리는 것을 불과 몇 년 전만 해도 상상할 수 있었을까?

2019년 10월 BTS의 콘서트 취재를 위해 사우디 수도 리야드를 방문했다. 열기는 뜨거웠다. 하지만 보수적인 이슬 람 문화에서 성장한 여성 팬들이 과연 인터뷰에 응할지, 사진 촬영이 가능할지 걱정이 들었다. 하지만 이는 정말 무의미한 걱정이었다. 현장에서 만난 '아미(BTS 팬클럽)'들은 인터뷰나 사진 촬영에 전혀 부정적이지 않았다. 한국에서 온 기자라고 소개하자 먼저 기념 촬영을 요구하기도 했다. 심지어 아미 모 임, 한국어를 공부하는 사우디 여성들의 모임에 초대 받기도 했다. 그곳에서도 따뜻한 환대를 받았고, 한국 문화, 음식, 여 행, 화장품 등에 대해 많은 질문을 받았다. 히잡을 쓴 여성들 사이에서 혼자 앉아 커피를 마시는 게 처음에는 약간 어색했 지만, 금방 적응이 돼 많은 대화를 나눌 수 있었다.

중동에서 세계 최대 스포츠 이벤트 중 하나인 월드컵이 열리는 것 역시 얼마 전까지만 해도 쉽게 상상하기 힘든 일이었다. 게다가 큰 나라도 아니고 경기도 정도 크기인 카타르에서 월드컵이 열리는 것은 더욱 생각하기 어려운 일이었다. 카타르는 이미 2032년 여름 올림픽 유치 경쟁에도 뛰어들었다. 2030년 아시안게임 유치 경쟁도 관심사다. 사우디와 카타르가 최종 유치를 놓고 경쟁 중이기 때문이다.

무슬림을 대상으로 한 성지 순례, 사업 혹은 가족 방문용 여행만 허락하던 사우디는 2019년 9월부터 한국을 포함해 49개 주요국 국민을 대상으로 관광 비자를 발급해 주고 있다. 막대한 정부 지원금이 큰 이유이긴 하지만 콧대 높고, 다른 나라에 캠퍼스를 만드는 데 보수적인 미국과 유럽의 명문 대학들은 UAE와 카타르에 캠퍼스를 만들고 있다.

경제적으로도 중동은 한창 변화하고 있다. 당장 사우디, UAE, 카타르, 쿠웨이트 등 주요 산유국들이 '탈석유'를 외친다. 국가 경제에서 원유와 천연가스가 차지하는 비중을 줄이고 과학 기술, 제조업을 육성하는 계획을 마련하고 있다. 불과 10년 전만 해도 상상하기 어려운 모습이었다.

투자자, 기업인들에게 자신의 성장 가능성을 어필하기 위한 움직임도 적극적이다. 2017년부터 사우디에서 매년 열리고 있는 '미래 투자 이니셔티브(Future Investment Initiative·FII)'가 좋은 예다. 세계적인 투자 회사들과 기업 관계자들은 '사막의 다보스 포럼'으로 불리는 이 행사에 참여하기 위해 사우디를 찾는다. 당장은 성과가 없더라도 중·장기적으로 나타날 사우디의 개혁·개방과 성장 가능성을 높게 평가한다는 뜻일 것이다. 2019년 행사의 경우 한국 CEO들의 참여도 활발했다. 대기업 총수로는 최태원 SK그룹 회장이 행사 현장을 찾았다. 최희남 한국투자공사 사장, 홍원표 삼성SDS 사장, 이영훈 포스코건설 사장은 주요 세션의 연설자와 패널로도 나섰다. 정부에서는 김현종 청와대 국가안보실 2차장이 참석했다.

중동 산유국들이 오일 머니로 운용하는 국부 펀드는 과거처럼 단순히 석유 기업에만 투자하지 않는다. 이제는 최첨단 정보 기술 IT 기업, 메이저 금융 기업, 심지어 유럽의 명문 프로 축구팀에도 투자한다.

개혁·개방이란 키워드는 근래 중동 주요 국가, 특히 산유국의 움직임에 가장 부합하는 단어 중 하나다. 이런 흐름은 한동안 계속될 것이다. 이전 세대보다 훨씬 젊은 나이에 국왕혹은 왕세자에 오른 '젊은 리더'들 스스로가 변화의 필요성을 느끼고 있다. 저유가, 저성장, 보수적인 문화에 대한 젊은 세대의 불만을 해결하기 위해서도 개혁·개방에 나설 수밖에 없는 것이다. 당장 사우디 국영 석유 기업 아람코가 주식 시장에 상장한 것도 개혁·개방에 필요한 인프라 확충, 누적 재정 적자 해소 등을 위해서였다.

물론 개혁·개방 과정에서 예상치 못했던 어려움이나

부작용이 발생할 수도 있고, 혼란을 겪을 수도 있다. 하지만 개혁·개방의 흐름이 끊길 가능성은 매우 낮다고 본다. 라이벌 구도와 함께 개혁·개방이라는 키워드를 가지고 중동 정세를 읽으면 더욱 많은 이슈가 잘 이해될 것이다. 이런 과정 속에서 중동이 우리에게 덜 생소한 지역, 나아가 중요한 지역이 되지 않겠냐는 생각도 조심스럽게 해본다.

주

1 _ 경희대, 고려대, 서강대, 서울대, 성균관대, 연세대, 이화여대, 중앙대, 한국외국어대, 한양대 정치외교학과와 국제 대학원의 홈페이지에 나와 있는 교수진 명단 기준.

2 _ 특파원은 언론사들이 중요한 해외 지역 취재를 위해 일정 기간(통상 1~3년) 파견하는 기자다. 주재하는 지역에서 발생하는 뉴스를 현장감 있게 전하고, 다양한 기획과 분석 기사, 현지 유명인 인터뷰 기사를 쓰는 것이 주요 업무다. 한국 언론사들은 전통적으로 미국 워싱턴, 중국 베이징, 일본 도쿄를 중심으로 특파원을 파견해 왔다.

3 _ 《동아일보》를 비롯한 주요 언론사에서는 10년 차 이상의 기자들에게 해외에서 특정 주제를 중심으로 짧으면 3개월, 길게는 1년 정도 자유롭게 연구할 수 있는 기회를 준다. 필자의 경우 중동 이슈에 관심이 많았고, 카이로 특파원으로 활동할 생각이 있었던 만큼 중동 연수를 택했다. 해외 연수 중이었지만 개인적으로는 특파원이란 마음으로 사람을 만나고 현장을 다녔다. 이 과정에서 알자지라 방송 CEO 단독 인터뷰, 카타르 국립박물관 르포, 에듀케이션 시티 르포 등의 기사를 《동아일보》 지면에 실었다. 또 《주간동아》에 〈이세형의 도하일기〉 칼럼을 연재했다.

4 _ 카이로 특파원 시절 가장 기억에 남는 건 사우디아라비아의 개혁·개방을 현지에서 취재한 것이었다. 중동에서도 가장 보수적이며 이슬람 원리주의가 강한 나라로 꼽히는 사우디는 외국 기자들에게 취재 허가를 잘 안 내준다. 다양한 노력을 기울였고, 운도 따라 줘서 4번 사우디를 방문할 수 있었다. 건국 이래 최초 관광 비자 도입, 방탄소년단(BTS) 콘서트, 미래 투자 이니셔티브, 아람코 4차 산업혁명 센터, 사우디 미디어 포럼 등을 취재했다. 그중 BTS 콘서트를 제외한 현장에선 한국인 기자를 전혀 찾아볼 수 없었다.

5 _ 수니파는 무함마드의 직계가 아니더라도 이슬람 공동체의 통치자인 '칼리프'가 될 수 있다고 본 진영이다. 반면 시아파는 무함마드의 직계만 칼리프가 될 수 있다고 본다.

6 _ 발단은 2010년 12월 17일 북아프리카의 작은 나라 튀니지의 중부 소도시 시디부지드(Sidi Bouzid)에서 대학 졸업 후 직장을 얻지 못해 무허가로 과일 노점상을 하던 청년 무함마드 부아지지(당시 26세)가 경찰의 단속에 걸린 사건이다. 과일과 좌판을 모두 빼앗긴 부아지지는 가족의 생계를 위해 선처를 부탁했지만 아무런 도움을 못 받았다. 분노와 좌절 속에 그는 시청 청사 앞 도로에서 온몸에 휘발유를 붓고 불을 붙였다.

2011년 1월 5일 부아지지가 사망하자 분노한 시민들이 거리로 나왔고 시위는 튀니지 전역으로 확산됐다. 튀니지처럼 독재와 경제난으로 어려움을 겪었던 이집트, 리비아 등 주변 국가들로도 시위가 퍼져 나갔다.

7 _ Bruce Riedel, 〈As a global economic crisis wreaks havoc on Saudi Arabia, the kingdom should reduce military spending〉, 《Brookings》, 2020. 5. 27.

8 _ 혁명 수비대는 육해공군, 특수전 및 해외 작전을 담당하는 정예부대 '쿠드스', 민병대 조직 '바시즈' 등 크게 5개 조직으로 구성돼 있다. 전체 병력 규모는 12만 5000~15만 명 정도다. 이란 헌법은 혁명 수비대의 역할을 '쿠데타 및 외국 간섭을 방어해 이슬람 체제를 수호'하는 것이라고 규정하고 있다. 자국 정규군(40만 명 규모로 국내 질서 유지 및 국경 방어가 주 임무)조차 혁명 수비대의 제어 대상이 될 수 있음을 의미한다. 미국, 사우디, 바레인 같은 반이란 진영 국가들이 혁명 수비대를 테러 조직으로 지정한 건 그만큼 이 조직의 위상과 영향력이 이란에서 막강하다는 의미로도 풀이할 수 있다.

9 _ The Economist, 〈Shias are doing better in Saudi Arabia〉, 《The Economist》, 2018. 8. 30.

10 _ AFP, 〈Saudi Arabia seals off Shia Qatif region over coronavirus fears〉, 2020. 3. 9.

11 _ Geneive Abdo and Anna L. Jacobs, 〈Are COVID-19 restrictions inflaming religious tensions?〉, 《Brookings》, 2020. 4. 13.

12 _ Michael R. Pompeo, 〈Confronting Iran. The Trump Administration's Strategy〉, 《Foreign Affairs》, 2018. 11~12.

13 _ Michael Young, 〈Can the Impending U.S. Embargo on Iranian Oil Alter Tehran's Behavior Throughout the Middle East?〉, 《Malcolm H. Kerr Carnegie Middle East Center》, 2018. 10. 25.

14 _ The White House, 〈Abraham Accords Peace Agreement: Treaty of Peace,

Diplomatic Relations and Full Normalization Between the United Arab Emirates and the State of Israel〉, 2020. 9. 15.

15 _ Maria Jose Valero and Nadeem Hamid, 〈Pompeo Blames Iran for Drone Attack on Saudi Oil Industry〉, 《Bloomberg》, 2019. 9. 15. 이세형, 〈드론 테러 당한 사우디 '석유 심장'… 생산 절반 멈췄다〉, 《동아일보》, 2019. 9. 16.

16 _ Arab Center for Research and Policy Studies, 〈The 2019-2020 Arab Opinion Index: Main Results in Brief〉, 2020. 11. 16.

17 _ 알자지라 방송의 팔레스타인 관련 뉴스를 보면 '저런 소식이 긴급 속보로 처리되어야 할 만큼 중요한 것일까'란 의문이 드는 기사도 적지 않다. 다큐멘터리 역시 마찬가지다. '이미 알려져 있는 이야기 아닌가' 하는 생각이 드는 주제도 자주 방영된다. 그만큼 이·팔 분쟁, 특히 팔레스타인의 피해와 억울함을 계속 강조하고 싶다는 의미로 풀이된다.

18 _ Mehran Kamrava, 《The Impossibility of Palestine: History, Geography, and the Road Ahead》, Yale University Press, 2016.

19 _ 간츠 대표 역시 네타냐후 총리보다 표현에서는 덜 극단적일지 모르지만 군인 출신이며, 안보적인 측면(대이란, 대팔레스타인 전략)에서는 강경하다. 성일광 서강대 유로메나 문명연구소 연구 위원(한국이스라엘학회장)은 "네타냐후 총리에 비해선 다소 온건하지만 간츠 대표 역시 안보 면에선 강경하다. 간츠 대표가 집권해도 이스라엘의 팔레스타인과 이란에 대한 강경한 안보 정책은 계속될 가능성이 높다"고 말했다.

20 _ Imad K. Harb, 〈A Weakened Arab Gulf Should Not Normalize Relations with Israel〉, Arab Center Washington DC, 2018. 11. 9.

21 _ 아랍권 국가들의 협력과 공동의 이익 도모를 위해 설립된 국제기구로 1945년 3월에 출범했다. 본부는 이집트 카이로에 위치하고 있고 총 회원국 수는 22개다.

22 _ Mustafa Abu Sneineh, 〈Sultan Qaboos 'broke Omani law' by hosting

Israel's Netanyahu: BDS activists〉,《Middle East Eye》, 2018. 11. 25.

23 _ Khaled Elgindy, 〈Four lessons for the post-Oslo era〉,《Brookings》, 2018. 9. 13.

24 _ Yousef Munayyer, 〈Washington Adopts Israel's Positions: The Refugee Chapter〉, Arab Center Washington DC, 2018. 8. 29.

25 _ 팔레스타인 자치 지역에 세워진 유대인 거주 지역. 사실상 이스라엘의 영토 확장이다. 이스라엘 정부가 이 지역에 거주하는 유대인들에게 다양한 직간접적 혜택을 제공한다. 현재 베냐민 네타냐후 총리는 이스라엘 정착촌을 합병하겠다고 강조하고 있다. 이스라엘은 UAE와의 외교 관계를 정상화하는 과정에서 합병을 추진하지 않기로 했지만, 네타냐후 총리 측은 "여전히 합병할 수 있다"는 입장을 공공연히 밝힌다.

26 _ Ray Hanania, 〈Trump deal makes 'Swiss cheese' Palestinian state, Abbas tells UN Security Council〉,《Arab News》, 2020. 2. 11.

27 _ 이세형·이정은, 〈트럼프 "예루살렘 이스라엘 수도로 인정"… 팔레스타인 발끈〉, 《동아일보》, 2020. 1. 30.

28 _ 이세형, 〈무기력한 아랍연맹… 사실상 게임 끝난 이스라엘-팔레스타인 분쟁〉,《동아일보》, 2020. 2. 13.

29 _ ACW Research & Analysis Unit, 〈Defunding UNRWA: Ramifications for Countries Hosting Palestinian Refugees〉, Arab Center DC, 2018. 9. 4.

30 _ Rick Gladstone, 〈The U.N.'s Palestinian Refugee Agency: What It Does and Why It Matters〉,《New York Times》, 2018. 8. 31.

31 _ 라빈 총리는 1992년 7월부터 1995년 11월까지 총리로 재임했다. 재임 중 극우파 유대인 청년에게 암살당했다.

32 _ Khalil Shikaki, 〈Do Palestinians Still Support the Two-State Solution? Why

Israeli Settlements Are the Greatest Obstacle to Peace〉,《Foreign Affairs》, 2018. 9. 12.

33 _ Khalil E. Jahshan, 〈Shifting the Balance of Power from Ramallah to Gaza〉, Arab Center Washington DC, 2018. 8. 17.

34 _ 인남식, 〈미국의 아브라함 협정 중재의 배경, 함의 및 전망〉, 국립외교원, 2020. 10. 16.

35 _ 두바이를 중동 국가로 오해하는 경우가 있는데, 두바이는 국가가 아니라 UAE의 한 지역이다. UAE는 아부다비와 두바이를 포함한 7개의 토후국으로 이뤄져 있는 나라다. 통상 아부다비의 에미르(Emir·최고 통치자라는 의미로 한국에서는 보통 국왕으로 표현)가 대통령, 두바이 국왕이 부통령 겸 국무총리를 맡는다. 외교·안보는 UAE 통합 체제로 이뤄지지만 경제는 분리돼 있다. 두바이는 원유와 천연가스가 거의 나오지 않는 지역이다. 이로 인해 오래전부터 중동의 무역, 물류, 교통, 금융 중심지가 되려고 노력해 왔다. 특히 1990년대부터 파격적인 개발 전략을 시도해 세계적인 주목을 받았다. 원유가 풍부한 아부다비도 두바이의 영향을 받아 2000년대 중반 이후로는 적극적으로 비원유 산업 육성에 공을 들이고 있다.

36 _ 사막에서 모래들이 오랜 기간 뜨거운 태양열과 지열에 노출되면서 뭉쳐진 울퉁불퉁하면서도 딱딱한 덩어리. 장미꽃과 형체가 비슷하게 보인다.

37 _ 버지니아 커먼웰스대(디자인, 미술, 예술사), 조지타운대(국제 관계학), 노스웨스턴대(언론학), 카네기멜론대(경영학, 컴퓨터 과학, 생명 과학, 정보 시스템학), 코넬대(의학), 텍사스A&M대(화학 공학, 기계 공학, 전기 컴퓨터 공학, 석유 공학) 등 미국 대학 6개가 자리 잡고 있다. 유럽에선 프랑스 파리 고등 상업 학교(HEC 파리) 경영 대학원과 영국 런던대(UCL) 대학원(도서관학, 박물관학)이 이곳에 진출했다.

38 _ Mari Yamaguchi and Victoria Milko, 〈UAE's Amal spacecraft rockets toward Mars in Arab world first〉,《AP News》, 2020. 7. 20.

39 _ Marc Lynch, 〈The New Arab Order : Power and Violence in Today's

Middle East〉,《Foreign Affairs》, 2018. 9-10.

40 _ 아라비아반도의 왕정 산유 국가인 사우디, 카타르, UAE, 쿠웨이트, 오만, 바레인이 결성한 중동, 나아가 국제 사회의 대표적인 정치 결사체다. 서로를 형제국으로 부르며 경제, 외교, 안보 측면에서 매우 긴밀한 협력 관계를 형성해 왔다.

41 _ 2018년 10월 2일 터키 이스탄불의 사우디아라비아 총영사관에서 반정부 언론인 자말 카슈끄지가 살해됐다. 여기에 무함마드 빈 살만 알사우드 사우디 왕세자와 그의 측근들이 개입했다는 의혹이 계속 제기되고 있다. 현재까지도 카슈끄지의 시신은 못 찾고 있다.

42 _ 카타르 정부는 알자지라 방송을 지원만 할 뿐 보도에는 개입하지 않는다고 강조한다. 하지만 실질적으로 알자지라 방송에서 카타르 정부와 사회를 비판하는 기사는 거의 찾아볼 수 없다. 중동 전문가와 특파원 다수는 카타르가 알자지라 방송을 설립한 것 자체가 소프트 파워 역량을 키우고 작은 나라로서의 안보와 외교 수단의 한계를 극복하기 위해서라고 본다. 카타르 정부가 알자지라 방송을 변화무쌍한 중동에서 여론을 주도하고, 정보를 습득하게 해주는 도구로 생각한다는 뜻이다.

43 _ Gerd Nonneman, 〈The Qatar Crisis through the Lens of Foreign Policy Analysis〉, Rory Miller ed.,《The Gulf Crisis The View from Qatar》, Hamad Bin Khalifa University Press, 2018.

44 _ David B. Roberts, 〈Reflecting on Qatar's 'Islamist' soft power〉,《Brookings》, 2019. 4.

45 _ 유수프 알카라다위의 망명 허용에는 카타르의 '보험 들기' 의도가 담겨 있다는 분석이 나온다. 무슬림 형제단을 수용하고 인정해 이 단체가 카타르에 대한 비판이나 선동은 하지 않는다는 일종의 컨센서스를 형성하는 기회로 활용했다는 것이다. 카타르는 자국민이 약 30만 명밖에 안 되고, 국가의 재정 지원이 막강해 국민들은 왕실과 정부에 부정적인 감정이 사실상 없다고 해도 과언이 아니다. 무슬림 형제단의 선동에 카타르인이 동요될 가능성은 낮다는 의미다. 동시에 무슬림 형제단으로서도 카타르처럼 안정적이고 작은 나라보다는 사우디처럼 상대적으로 국민의 불만이 많고, 상징성도 큰 나라를

대상으로 비판 목소리를 내는 게 더 효과적일 수 있다.

46 _ Mehran Kamrava,《Troubled Waters》, Cornell University Press, 2018.

47 _ IS가 주도한 전투와 전쟁을 비롯해 이슬람 극단주의 단체 활동에 참여했다 고국으로 돌아온 젊은이들을 어떻게 관리하고, 정상화시킬 것인지 논의하는 자리였다.

48 _ Marc Tracy and Lara Jakes, 〈U.S. Orders Al Jazeera Affiliate to Register as Foreign Agent〉, 《New York Times》, 2020. 9. 15, TRT World, 〈UAE lobbying behind registering of AJ+ as foreign agent in the US〉, 2020. 9. 18.

49 _ 인남식, 〈대(對)카타르 단교 사태에 따른 걸프 역학관계의 변화와 향후 전망〉, 《IFANS 주요국제문제분석》 2017-26, 2017.

50 _ 인남식, 〈대(對)카타르 단교 사태에 따른 걸프 역학관계의 변화와 향후 전망〉, 《IFANS 주요국제문제분석》 2017-26, 2017.

51 _ Marwan Kabalan, 〈Is the GCC dead?〉, 《Al Jazeera》, 2018. 12. 11.

52 _ Kristian Coates Ulrichsen, 〈The Exclusionary Turn in GCC Politics〉, Arab Center Washington DC, 2018. 8. 31.

53 _ Tom O'Connor, 〈Where Are U.S. Troops Near Iran? Tens of Thousands of American Soldiers Are in Middle East, Afghanistan〉, 《Newsweek》, 2020. 1. 6.

54 _ 합의문의 정식 명칭은 '아프가니스탄 평화 도출을 위한 (미국에 의해 승인되지 않고 탈레반으로 알려진) 아프가니스탄 이슬람 에미레이트와 미국 간의 합의 (Agreement for Bringing Peace to Afghanistan between the Islamic Emirate of Afghanistan which is not recognized by the United States as a state and is known as the Taliban and the United States of America)'다.

55 _ 인남식, 〈미국-탈레반 평화 합의의 의미〉, 《IFANS FOCUS》, 2020. 3. 3.

56 _ 임현석·이정은, 〈중동 정세 '트럼프 리스크'…이라크 로켓포 테러속 "미군 감축"〉, 《동아일보》, 2020. 11. 19.

57 _ 인남식, 〈미국의 아브라함 협정 중재의 배경, 함의 및 전망〉, 국립외교원, 2020. 10. 16.

58 _ 바이든 행정부 1기의 국무부 장관으로 내정된 토니 블링컨 전 국무부 부장관은 중동 이슈를 오랫동안 다뤄 왔다. 바이든 당선자가 부통령으로 활동하던 버락 오바마 전 대통령 시절 부통령 국가 안보 보좌관, 대통령 국가 안보 부보좌관, 국무부 부장관을 지냈다. 이 과정에서 이란과의 핵 협상 업무를 담당했고, 아프가니스탄과 파키스탄 이슈도 다뤘다.

59 _ 오바마 행정부에 대해서도 중동에 대한 개입이 소극적이고, 적절하지 않았다는 지적이 많다. 가령, 이슬람 국가(IS)가 한때 창궐했던 배경 중 하나가 오바마 행정부의 매우 제한된 군사력 투입이었다는 평가도 나온다. IS가 영토를 확장하고, 영향력을 키우는 상황에서도 이를 막기 위한 실질적인(군사적) 대응을 하지 않았다는 비판이다.

60 _ 쿠르드족은 터키, 이라크, 시리아, 이란을 중심으로 중동에서 수천 년간 나라 없이 떠돌며 사는 세계 최대의 유랑 민족이다. 대부분 이슬람교 수니파다. 중동 전역에 3000~4000만 명 정도 사는 것으로 알려져 있고 터키에 가장 많은 약 1500만 명이 산다. 이라크와 이란에 각각 약 600만 명, 시리아에는 약 200만 명의 쿠르드족이 거주한다. 터키, 이라크, 시리아의 쿠르드족이 분리·독립에 관심이 많다. 터키는 쿠르드족의 분리·독립 움직임을 국가의 최대 안보 위협 중 하나로 여긴다. 분리·독립에 적극적인 시리아 쿠르드족이 본격적으로 독립을 추진하면 자국 인구의 20퍼센트 가까이를 차지하는 자국 쿠르드족까지 동요하고, 독립 추진에 나설 것을 극도로 우려한다.

61 _ 이세형, 〈'차르'를 넘어 '술탄'까지 넘보는 푸틴〉, 《주간동아》, 2020. 11.

62 _ Ross Harrison, 〈Shifts in the Middle East Balance of Power: An Historical Perspective〉, 《Al Jazeera AJC》, 2018. 9. 5.

63 _ Al Vawaba News, 〈Russia Calls On US To End 'Illegal Occupation' Of Syria〉, 《Eurasia Review》, 2020. 6. 8.

64 _ 장지향·유아름, 〈시리아 세습독재 정권의 생존과 다종파 엘리트 연합의 역할〉, 《아산정책연구원 이슈브리프》, 2019. 6. 17.

65 _ Joe Macaron, 〈Israel Returns to Basics in Syria : "Better the devil you know"〉, Arab Center Washington DC, 2020. 8. 15.

66 _ Phil Stewart, 〈U.S. warns of Russian bid for Libya stronghold after warplane delivery〉, 《Reuters》, 2020. 5. 30.

67 _ SafaAlharathy, 〈AFRICOM to deploy brigades in Tunisia in response to growing Russian military activities in Libya〉, 《The Libya Observer》, 2020. 5. 30.

68 _ Mark N. Katz, 〈Support Opposing Sides Simultaneously: Russia's Approach to the Gulf and the Middle East〉, 《Al Jazeera AJC》, 2018. 9. 5.

69 _ 동유럽의 상당 부분, 남유럽의 일부도 오스만 튀르크의 영토였다.

70 _ Aljazeera, 〈Egypt's parliament approves troop deployment to Libya〉, 2020. 7. 20. Aljazeera, 〈'Dangerous adventure': Turkey warns Egypt over Libya invasion〉, 2020. 7. 22.

71 _ 터키는 시리아 쿠르드족이 독립을 추진하면 자국 인구의 20퍼센트 가까이를 차지하는 자국 쿠르드족까지 독립 추진에 나서는 것을 극도로 우려한다.

72 _ Middle East Monitor, 〈Saudi Arabia removes name of Ottoman Sultan from Riyadh street〉, 2020. 6.15.

73 _ 오종진, 〈국립외교원 중동 정세 라운드테이블 – 터키 최근 동향〉, 2020. 10. 16. Aljazeera, 〈Erdogan: Turkey will make no concessions in eastern Mediterranean〉, 2020. 8. 27.

74 _ 오종진, 〈국립외교원 중동 정세 라운드테이블 – 터키 최근 동향〉, 2020. 10. 16.

75 _ AFP · Arab News, 〈Armenia, Azerbaijan agree to end weeks of fighting over Nagorno-Karabakh〉, 2020. 11. 10.

76 _ Jamil Anderlini, 〈China's Middle East strategy comes at a cost to the US〉, 《Financial Times》, 2020. 9. 9.

77 _ The Times of Israel, 〈Iran announces joint naval exercise with China, Russia〉, 2019. 12. 4.

78 _ Rajeswari Pillai Rajagopalan. 2020년 1월10일. 〈China-Pakistan Naval Drills: More Than Just Symbolism〉. The Diplomat.

79 _ Roie Yellinek, 〈The Israel-China-U.S. Triangle and the Haifa Port Project〉, 《Middle East Institute》, 2018. 11. 27.

80 _ Xinhua, 〈Feature: Chinese construction projects in Egypt's new capital city model for BRI-based cooperation〉, 2019. 3. 18.

81 _ Financial Times, 〈Investing in Kuwait〉, 《Financial Times》, 2018. 9. 11. Bloomberg, 〈Kuwait mulls Dh36.7 billion fund with China to invest in projects related to Silk City, islands development〉, 《Gulf News》, 2019. 3. 3.

82 _ 대외경제정책연구원, 〈유망 국부 펀드를 활용한 신흥 시장 진출 활성화 방안〉, 2015.

북저널리즘 인사이드   사건에서 이야기로

중동에서 벌어지는 사건들은 늘 국제 뉴스의 주요 지면에 등장한다. 미국, 러시아 등 주요 국가도 깊이 연관되어 있고, 국제 정세에 영향도 크다. 그러나 산발적인 사건들의 의미를 읽기는 어려웠다. 나와 관련이 있다고 느껴지지도 않았다. 중동 이슈에 관심을 갖거나, 흥미를 느끼지 못했던 이유다.

중동이 멀게 느껴지는 것은 맥락에 대한 설명이 없기 때문이다. '시아파 맹주 이란, 수니파 맹주 사우디' 같은 표현은 반복되지만, 이것이 지금 일어나는 사건을 설명해 주지는 않는다. 가령 2020년 9월 '이스라엘이 UAE, 바레인과 외교 관계를 정상화했다'는 뉴스가 왜 뜬금없이 이란, 사우디와 관련된 소식인지 알기는 어렵다. 이 사건은 11월 사우디의 무함마드 빈 살만 왕세자와 이스라엘의 네타냐후 총리가 비밀리에 직접 만난 일과도 이어진다. 그러나 맥락을 모른다면 두 가지가 전혀 별개의 사건으로 보일 것이다.

두 사건을 이해하기 위해서는 사우디와 이란의 라이벌 관계, 최근 이란의 영향력 확장 행보, UAE와 바레인의 사우디에 대한 의존도, 이란과 미국의 대립, 이스라엘과 중동 국가들의 불편한 관계까지 알아야 한다. 종교적·정치적으로 대립하는 이란과 사우디의 관계 속에서 최근 이란은 세를 확장하고 있고, 사우디는 이를 견제하려 한다. 이란이 이스라엘에 적대적이라는 점과 이슬람 국가들의 이스라엘에 대한 안 좋은 감정을 동시에 고려해 우회적으로 이스라엘과 관계를 개선하는 전략을 택했다. 미국은 이란과의 대립 구도 속에 이런 행보를 지원하고 있다.

맥락을 파악하기 어렵다는 점은 중동을 오해하는 이유기도 하다. 국가 간 역학 관계에 대한 이해 없이 사건만 본다면 '늘 분쟁이 일어나는 곳', '폭력적이고 비상식적인 사건들이 벌어지는 지역'으로 생각할 수밖에 없다. 일부는 맞는 말이지만 그게 전부는 아니다.

맥락을 알 때, 사건은 흥미로운 이야기로 바뀐다. 저자는 라이벌 구도를 쉽고 상세히 설명하면서 중동에서 벌어지는 사건들을 내러티브로 읽을 수 있게 해준다. 중동 이야기의 핵심은 이렇다. 국가들은 결국 안보를 위해 투쟁한다. 주변국과의 분쟁에서 살아남기 위해, 혹은 국가 내에서 반정부 세력을 억제하기 위해서다. 옳든 그르든 국가나 집단의 행동은 '갑자기' 나타나는 것이 아니라 자신을 위협하는 세력의 역학 관계가 바뀌었기 때문에 촉발된다. 중동의 사건들을 이해의 여지가 있는 '이야기'로 받아들이는 것은 중동을 넘어 국제 정세를 깊이 이해하고, 앞으로의 방향을 고민하는 시작점이다.

소희준 에디터